中国少儿知识小百科

科学驿站

Kexue Yizhan

方辉　主编

山东大学出版社

图书在版编目（CIP）数据

科学驿站 / 方辉主编．—济南：山东大学出版社，2017.1
（中国少儿知识小百科）
ISBN 978-7-5607-5428-4

Ⅰ．①科… Ⅱ．①方… Ⅲ．①科学知识－少儿读物 Ⅳ．① Z228.1

中国版本图书馆 CIP 数据核字（2015）第 305998 号

责任策划：黄福武
责任编辑：李云霄
封面设计：张 荔

出版发行：山东大学出版社
社址 山东省济南市山大南路 20 号
邮编 250100
电话市场部（0531）88364466
经销：山东省新华书店经销
印刷：山东新华印务有限责任公司
规格：787 毫米 ×1092 毫米 1/16
7 印张 162 千字
版次：2017 年 1 月第 1 版
印次：2017 年 1 月第 1 次印刷
定价：20.00 元

出版人语

书籍是人类进步的阶梯，同学们在这条阶梯上攀登时，你们的脚步更多地承载着家庭和社会的希望和未来。

《中国少儿知识小百科》丛书紧紧围绕新课程标准进行设计和编写，根据广大同学的阅读水平和思维能力，侧重可读性、趣味性和拓展性，涉及10个学科门类，包括动物、植物、科学、艺术、民俗、体育、天文、地理、历史、军事等方面的有用和有趣知识，内容全面，通俗易懂。本丛书共设3000多个条目，并附有3000多幅相关插图，让大家在阅读时产生浓厚兴趣，增加知识，开拓视野，提高思维能力和语言能力。

本丛书将引领读者朋友游览《动物王国》，访问《植物城堡》，仰望《天文奇观》，俯视《地球家园》，参观《艺术长廊》，历数《民俗大观》，漫步《历史博览》，访问《科学驿站》，阔论《军事纵横》，走进《体育世界》，探索科学知识，认识大千世界。其中穿插的“洋话天天说”“诗词贝贝乐”“思维对对碰”“肚皮笑笑破”“我来考考你”等栏目，可拓展知识面，增加趣味性，生动活泼，寓教于乐，把学习知识、激发兴趣、培养能力融为一体，让大家更加积极主动地去探索奇妙的世界。

本丛书体例新颖，内容丰富，既收纳了各学科的基本知识点，又融入了各学科的新发现和新成果。在语言的叙述和表达上，力求生动活泼，深入浅出，把人类的常识和深奥的哲理与同学们熟悉的事物联系起来，引领读者朋友由近及远，由表及里，从已知到未知，迈开探索的脚步勇敢地进入科学知识的广阔天地。

《中国少儿知识小百科》丛书是一个集知识性、趣味性、益智性、拓展性、实用性于一体的适合广大同学阅读的百科知识宝库。同学们，让我们一起开始充满乐趣和惊奇的“寻宝”之旅吧！

《中国少儿知识小百科》丛书
编 委 会

目录

第七章
丰富的能源材料

第八章
打开科学之门

第一章
奥秘无穷的大自然

无垠的宇宙大得难以想象，而地球，则是宇宙中的奇迹，无生命的物质世界与生命世界密切相关，充满了形形色色令人惊奇的现象和过程。下面将带领你们走进这个神奇的大自然，开始探索其中的奥秘。

不可缺少的生物环境

充足的阳光、丰富的水、新鲜的大气、适宜的温度、肥沃的土壤，它们是生物赖以生存的要素，没有它们，就没有生命的存在。下面，就给你们介绍一下它们和生命世界不可分割的关系。

充足的阳光

你早晨起来看到红彤彤的太阳发出灿烂的光芒时，是不是心情也格外好呢？现在，让我们进一步了解太阳光吧。

悯农

（唐）李绅

锄禾日当午，汗滴禾下土。
谁知盘中餐，粒粒皆辛苦。

在地球上，人们把植物誉为“绿色工厂”，地球 20% 的氧气都是这座“工厂”制造的。而它制造氧气所利用的能源，就是太阳的能量。没有阳光，植物就不能生长；而没有植物，就不会有高等动物的出现，也就不会有人类的出现。

“万物生长靠太阳”是自然界的一条真理。太阳带给我们光和热，它是地球上万物的能量源泉。动植物的生长与活动，都与太阳有着密切的关系，地球上绝大多数生物都依靠太阳的能量而生活。

生命之源——水

大家都知道，做饭要用水，洗脸要用水，刷牙要用水，人还要喝水，靠水来调节体温。下面我们就了解一下我们生命不可缺少的水吧。

水是一种无色、无味、无臭、透明的自然界中最常见的液体。地球上的水很多很多，如果将地球上的水平均分布在地球表面，相当于地球整个表面覆盖着一层平均深度约 2650 米的水。但是十分可惜，这些水 98%是不能喝的咸水，主要分布在海洋中。能喝的淡水只占地球水总量的 2%，而这 2%的淡水也不能全为人类所应用，因为它的 88%被冻在两极的冰帽和冰川里，剩下的河流、湖泊和能开采的浅层地下水才可为人类应用。

地球上的水资源分布还很不均衡。世界上约有 65%的水资源集中在 10 个国家里，有 100 多个国家是缺水国，缺水国的人口共占世界总人口的 40%以上。在这些国家中，最缺水的国家有马耳他、卡塔尔、科威特、利比亚、巴林、新加坡、巴巴多斯、沙特阿拉伯、约旦、也门、阿尔及利亚、布隆迪、佛得角、阿曼、阿联酋、埃及等。预计到 21 世纪中期，这些国家的水将比石油还贵。

ABC 洋话天天说

A：How long is her hair?
B：Very long.
A：她的头发有多长？
B：很长。

不可缺的空气

空气虽然是无形的，我们无法看见，但是它的重要性，不用说，你肯定知道。人可以三天不吃饭，一天不喝水，但绝不能三分钟不呼吸，否则三分钟以后，人的脑部会因缺氧而受损，变成植物人。够可怕吧！那么，我们天天呼吸的空气到底是什么东西呢？

在我们地球的表面，有一层我们在地面上看不到的、由各种气体组成的厚厚的大气层，像一个由空气组成的大罩子一样罩在地球的外面。组成大气层的气体有很多种，按体积百分比计算，大气层里含氮气 78%，氧气 21%，二氧化碳 0.03%，稀有气体 0.94%，其他气体和杂质占 0.03%。其中，对我们维持生命不可缺少的、呼吸所需要的就是只占 21% 的氧气。

适宜的温度

你发现了樟树只生长在江南，云杉主要生长在东北，珊瑚只生活在热带海洋里，寒冷地区昆虫较少等这些奇怪的现象了吗？所有的这些，都因为不同的温度决定了不同的动植物的生存环境。

有的植物能在较宽的温度范围内生活，它们叫“广温植物”，如松、桦、栎等，分布很广。有的植物只生活在很窄的温度范围内，不能适应温度较大的变动，它们叫“窄温植物”，如雪球藻、雪衣藻只能在冰点温度范围发育繁殖，椰子、可可等只分布在热带高温地区。

大多数动物最喜欢生活在温度为 20 ～ 25 摄氏度的地方。淡水动物能忍受 40 摄氏度左右的高温，海水动物只能忍受 30 摄氏度的高温，哺乳类到 42 摄氏度以上就可能死亡。两栖、爬行动物比较耐高温，能在 45 摄氏度以下的温度中生活，但两栖、爬行动物在 7 ～ 8 摄氏度的低温情况下，就会进入休眠状态，所以两栖、爬行动物多分布在温暖潮湿的南方，越往北方，种类和数量越少。

题目：某富翁的左右邻居都养狗，一到晚上，这两条狗就吠叫不停。无法忍受这种折磨的富翁便拿出搬家费 100 万元，希望左右邻居搬走。的确，两个邻居是连狗一起搬家了，但是一到夜晚，富翁还是听到完全相同的狗吠声。这是为什么？

答案：两个邻居互换了房子。

一天，上幼儿园的小明跑到爸爸面前：“爸爸，爸爸，什么东西从东边升起，从西边落下？”

“嗯，是太阳？”

“不对不对，五个字！”

爸爸想了想说：“太阳老公公？”

“不对不对，五个字嘛！就那五个字！”

爸爸想了半天想不出。

这时，小明说：“笨，是是是太阳！”

》肥沃的土壤

你发现了没有，土壤有各种颜色，有的人家乡的土壤是黑色的，有的人家乡的土壤是黄色的，这是为什么呢？

土壤里含有多种矿物质。红色土壤里含有丰富的铁质，当铁质发生高度氧化时就形成红色土壤。黄色土壤是由于铁质尚未能高度氧化，所以呈现黄色。这下明白了吧？其实土壤里还有一些植物和微小的生物，我们看不见它们。许多细菌生活在土壤里，它们以死去的动物和植物为食，能将有机物分解，所以土壤微生物能把作物不能利用的物质变为有效的养分，使土壤变得肥沃。肥沃的土壤是陆生植物生存的根本。它提供了植物生活必需的营养和水分，能满足植物对水、肥、气、热的要求，这就会使植物生长得更加翠绿茂盛。

我来考考你

1. 世界上有多少个国家是缺水国？
2. 大气层是由什么构成的？
3. 你知道的广温植物有哪些？你知道的窄温植物有哪些？

变化莫测的自然现象

我们除了在教室里会见到老师的身影，在校园里能看到大楼的样子，还能感觉到有时冷有时热，有时会听到隆隆的雷声，看到刺眼的闪电……你不禁会问：为什么会这样呢？好了，那就让我们一起来破解这些自然现象吧！

无形的风

我们知道风是看不见摸不着的，但可以感觉出来。你看树枝在摇晃，雪花在空中飞舞，这都是风的踪迹。那么，风是怎样形成的呢？地球上任何地方都在吸收太阳的热量，但是地面每个部位受热是不均匀的，于是，暖空气膨胀变轻后上升，冷空气冷却变重后下降，这样冷暖空气便产生流动，形成了风。

风的变化是有规律的，它总是从温度低的地方向温度高的地方流动。温度差越大，风速越大。人们用风向和风速来表示风的流动。风向指风的来向，气象上一般按东、西、南、北及东北、东南、西北、

诗词贝贝乐

悯农

（唐）李绅

春种一粒粟，秋收万颗子。
四海无闲田，农夫犹饿死。

西南八个方位表示。风速指单位时间内空气在水平方向上移动的距离，单位是米／秒或千米／小时，通常用风力等级表示，比如一级风、二级风、十二级飓风等。

能量巨大的雷电

每当快下雨时，我们经常会听到雷声，看到闪电，那么，你知道雷电是怎么形成的吗？

空中有好多云团在不断运动，从而产生大量的正负电荷，正电荷与负电荷分别聚集到云的两端。云所带的电达到一定程度时，就会穿过空气放电，这便是雷的现象。电前进的形状大多曲曲折折，形成像树枝一样的光带，这就是闪电。而放电使空气振动发出声音，就是雷声。

雷电虽然很壮观，但它也会带来危害。它能击毁房屋，引起森林火灾，破坏高压输电线路，给人们的生活带来诸多不便。世界上雷雨最多的地方是印度尼西亚的一个城市，它一年中约有 322 天电光闪闪，素有“世界雷都”之称。

洋话天天说

A：The train just left.
B：I almost made it.
A：电车刚走。
B：就差那么一点儿。

飘飘洒洒的水——雨

当你走在上学或放学的路上，如果不带雨伞的话，下雨时，会把你淋得像个落汤鸡。那么，你知道雨是怎么产生的吗？

湿润的空气因冷却而凝结出许多小水滴和小冰晶，这就是云滴，许许多多的云滴组成了云。云中存在大小不同的云滴，大云滴下降速度快，上升速度慢；小云滴下降速度慢，上升速度快。于是，大、小云滴相对速度的差异，使得大云滴有机会与小云滴相撞，结果小云滴就合并到大云滴中去了。这样，大云滴不断地增大，又因为上升气流分布不均匀，大云滴可以在云中多次上下运动，再加上云内的湍流作用，大云滴增大的机会就增加，于是大云滴越来越大，直到上升气流托不住它，掉下来成为雨。这就是雨的来历，很神奇吧？

漫天飞舞的奇观——雪

冰云是由微小的冰晶组成的。这些小冰晶在相互碰撞时，冰晶表面会增热而有些融化，并且会互相粘合又重新冻结起来。这样重复多次，冰晶便增大了。另外，

思维对对碰

题目：请你把九匹马平均放到十个马圈里，并让每个马圈里的马的数目都相同，怎么分？

答案：将九匹马放在一个圈里，然后再在圈外围九个圈。

在云内也有水汽，所以冰晶也能靠凝华继续增长。但是，冰云一般都很高，而且也不厚，在那里水汽不多，凝华增长很慢，相互碰撞的机会也不多，所以不能增长到很大而形成降水。即使引起了降水，也往往在下降途中被蒸发掉，很少能落到地面。最有利于云滴增长的是混合云。混合云是由小冰晶和过冷却水滴共同组成的。当一团空气对于冰晶说来已经达到饱和的时候，对于水滴说来却还没有达到饱和。这时云中的水汽向冰晶表面上凝华，而过冷却水滴却在蒸发，这时就产生了冰晶从过冷却水滴上“吸附”水汽的现象。在这种情况下，冰晶增长得很快。另外，过冷却水是很不稳定的。一碰它，它就要冻结起来。所以，在混合云里，当过冷却水滴和冰晶相碰撞的时候，就会冻结粘附在冰晶表面上，使它迅速增大。当小冰晶增大到能够克服空气的阻力和浮力时，便落到地面，这就是雪花。

神奇的物质变化——物态

在自然界中，我们看到物质以各种各样的形态存在着：花虫鸟兽、山河湖海、不同肤色的人种、各种美丽的建筑……大到星球宇宙，小到分子、原子、电子等极微小的粒子，真是千姿百态、争奇斗艳。大自然自身的发展，造就了物质世界这种绚丽多彩的宏伟场面。物质具体的存在形态有多少，这的确是难以说清的。生活中最常见的物质形态是固态、液态和气态，从构成来说，这类状态都是由分子或原子的集合形式决定的。由于分子或原子在这三种物态中运动状况不同，而使我们看到了不同的特征。

在固体中，分子或原子有规则地周期性排列着，就像我们全体做操时，人与人之间都等距离地排列一样，每个人在一定位置上运动，就像每个分

肚皮笑笑破

早晨，燕燕和京京在街心公园跑步，树枝、草叶上挂满了露珠，长椅上也是湿漉漉的。燕燕忽然想到一个问题，问京京：“你说是白天热还是夜里热？”

“当然是白天比夜里热？”京京回答。

“我认为正好相反。你看，昨夜热得树木、花草出了那么多汗。”

子或原子在各自固定的位置上做振动一样。液体有流动性，把它放在什么形状的容器中它就有什么形状。此外，与固体不同，液体还可以随着温度的升高而蒸发成气体，还会因为温度的降低而凝结成固体，比如自然界中的水，就具有气态、固态和液态三种状态。我们称液态的为“水”，气态的为“水汽”，固态的为“冰”。

四季的秘密

也许有的同学会问，为什么地球上会有四季呢？

地球在绕太阳公转的过程中，地轴始终与轨道面倾斜成66°34′的夹角。由于地轴的倾斜，当地球处在轨道上不同位置时，地球表面不同地点的太阳高度是不同的。太阳高度角大的时候，太阳直射，热量集中，就好像正对着火炉一样，这时日照时间长，昼长夜短，必然气温高，这就是夏季。反之，太阳高度角小时，阳光斜射地面，热量分散，相当于斜对着火炉，日照时间短，昼短夜长，气温则低，这就是冬季。由夏季到冬季，再由冬季到夏季，太阳高度不断变化，形成了四季。

四季划分有不同的标准：天文上以春分、夏至、秋分、冬至作为各季开始；中国古代以立春、立夏、立秋、立冬作为各季开始。四季的递变，全球不是统一的，北半球是夏季时，南半球则是冬季。

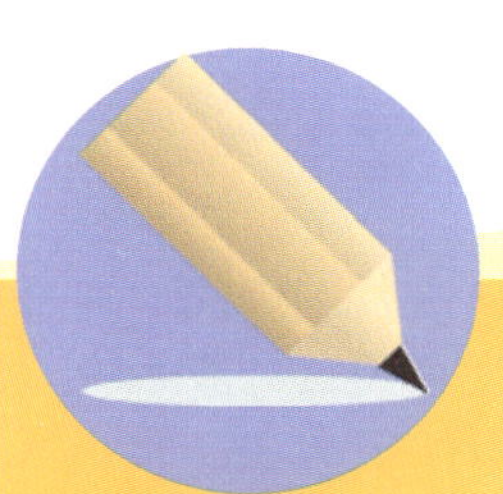

我来考考你

1. 你知道风向都有哪八种吗？
2. 当中国是冬季的时候，澳大利亚是什么季节？

第二章 无处不在的声、光、色

我们每天都生活在一个有声有色的多彩世界里，各种声音让我们的鼓膜不间断地振动，光怪陆离的光、色世界又给我们的视觉以瞬息万变的惊奇。现在，就让我们来探索和研究声、光、色的奇妙吧！

奇妙的机械波——声音

声音的产生都需要一个声源，声源就是发出声音的物体。声源的振动引起空气的振动，就会产生声波，传入耳中引起鼓膜振动，在耳中经过一系列复杂的听觉器官，最后刺激听觉神经，于是我们听到了声音。声音的传播需要介质，声音可以在气体、液体、固体中传播。下面，让我们来了解一下声音里的秘密吧！

声音的传播途径

声音是以波的形式来传播的，称为“声波”。因为声音的传播是需要介质的，所以声波只有在有介质存在的地方才能传播。固体、液体和气体都是传播声音的介质。空气中的声波是纵波，平时我们听到的声音都是通过空气传播到我们的耳朵。如果在没有空气的真空，声音就无法传播，就像在月球上的宇航员是不能直接对话的，他们只能靠无线电进行对话。

不同的传播速度

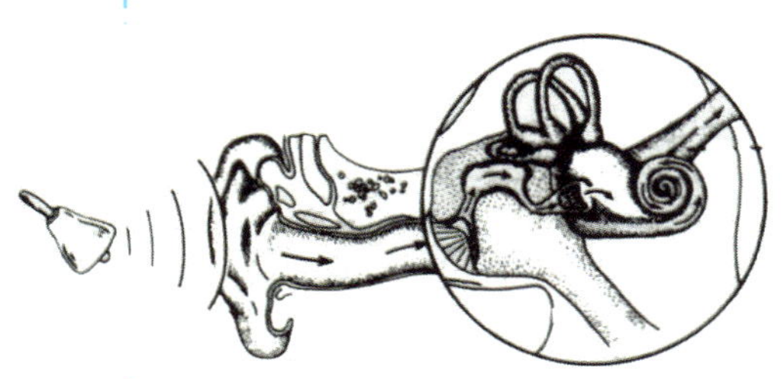

声音在不同的物质中传播速度是不同的。声音的传播速度跟介质的性质和温度有关。一般来说，声音在固体中的传播速度最快，液体中次之，而在气体中的传播速度是最慢的。在相同的介质中，如果温度高则声音的传播速度快，温度低则传播得慢。

声音的三要素

音量的衡量单位——分贝。人们用声音的强度来表示声音的大小，单位是分贝。声源振动得越剧烈，分贝数就越高。人耳所能听到的最微弱的声音大约是 1 分贝，稳定的呼吸声和树叶摆动声大约是 10 分贝，潺潺的溪流声大约是 20 分贝，轻声的交谈声是 20 ~ 30 分贝，中等说话声大约是 45 分贝，孩子们的吵闹声是 60 ~ 80 分贝，繁华小街的喧嚣声大约是 90 分贝，载重汽车的响声是 90 ~ 100 分贝，雷声大约是 110 分贝。

声音的高低——音调。音调就是声音的高度，又称为“音高”。音调主要由声音的频率决定，同时也与声音强度有关。一般说来，儿童说话的音调比成人的高，女子说话的音调比男子高，音调高的声音听起来尖细，音调低的声音听起来低沉。

发音体的个性——音色。每个人的声音都有独特的音色，所以我们能从电话、广播的声音中辨认出是哪位熟人。各种乐器，演奏同样的曲子，即使响度和音调相同，听起来还是不一样，就是由于它们的音色不同。

寻隐者不遇

（唐）贾岛

松下问童子，言师采药去。
只在此山中，云深不知处。

有害的声音——噪声

洋话天天说

A：Play fair！
B：Don't cheat！
A：公平点儿！
B：不许搞鬼！

生活中的噪声是指一切对人们生活和工作有妨碍的声音。它的判断标准不单独由声音的物理性质决定，还与人们的生理和心理状态有关。一般说来，60 分贝是使人烦恼的界限，大于 90 分贝的声音就是噪声了。

健康专家说，噪声污染不但妨碍人们的休息，影响人的听力，降低人的工作效率，而且还能够导致高血压、心脏病、记忆力衰退、注意力不集中及其他精神综合征。长期生活在太大的噪声环境中还能引起耳聋。世界卫生组织指出，外界噪声主要来自航空、公路、铁路运输，以及工程施工和工业生产等；而室内噪声污染则来自风扇、电脑及其他家用电器。

声音的反射——回声

声波碰到某一个障碍物（如悬崖）时，就会弹回来，我们会再听到这个声音，这种反射回来的声音称为“回声”。在户外空旷的地方，回声比较模糊，因为声音的振动会向四处散开。而在一个密闭的空间里（如隧道），反射的声音不会跑掉，所以回声很大。

声音还可以连续多次反射成为多重回声，称为“交混回响”。为了减少交混回响，音乐厅往往建造成特殊的形状，并用木材这类吸音效果好的质料来建造。

人们利用回声的特点，可以用来探测鱼群、潜水艇和沉到海底的船。

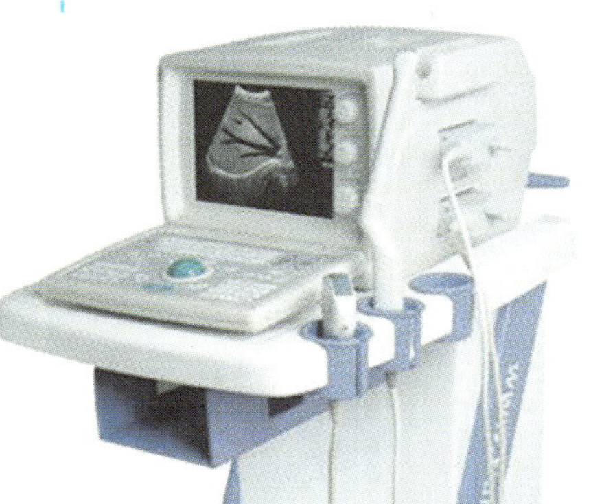

听不到的声音——超声波

我们知道，当物体振动时会发出声音。科学家们将每秒钟振动的次数称为声波的“频率”，它的单位是赫兹。我们人类耳朵能听到的声波频率为 20 ~ 20000 赫兹。因此，当物体的振动超过一定的频率，人们便听不出来了，这样的声波称为“超声波”。超声波具有方向性好、穿透能力强、易于获得较集中的声能、在水中传播距离远等特点，被人们广泛地用于医学诊断、测距、测速、清洗、焊接、碎石等各个领域。

思维对对碰

题目：盆里有 6 只馒头，6 个小朋友每人分到 1 只，但盆里还留着 1 只，为什么？

答案：最后一个小朋友把盆子一起拿走了。

可怕的声波——次声波

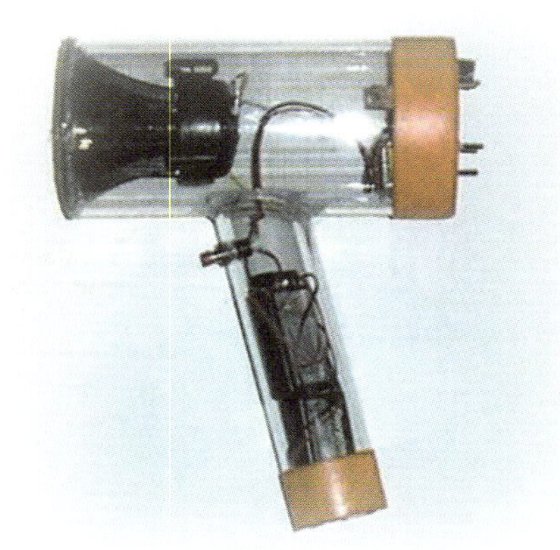

自然界中，有一种危险的声波叫作“次声波”。次声波是频率低于 20 赫兹的声波。这种人耳听不到的声波，具有穿透能力强、衰减小等显著特点，广泛存在于人类生存的环境中。地震、雷鸣电闪、原子弹爆炸试验等等，都可以产生次声波。次声波会对人体产生危害作用，

爸爸教儿子辨认方向，儿子称已经学会了。于是爸爸问儿子："你看今天刮的是什么风？"儿子看了一眼红旗，很自信地说："左风。"

使人感到头晕头痛、恶心烦躁、胸闷腹泻、疲倦无力、注意力分散等等，严重时甚至能使人的肺腔破裂导致死亡。

但是，虽然次声波如此可怕，人们还是找到了利用次声波为人类服务的途径。国际海难救助组织在一些远离大陆的岛上建立起的次声定位站，就是利用次声波的强大穿透力来时刻监测着海面，一旦船只或飞机失事，可以用它来迅速测定方位，进行救助。

探索海洋的向导——声呐

声呐是利用水中声波（超声波和次声波）进行探测、定位和通信的电子设备，它是各国海军进行水下监视使用的主要技术。人们向水中发出一系列不同频率的超声波，然后记录与处理反射回声，从回声的特征我们便可以估计出探测物的距离、形态及其动态改变，用于对水下目标进行探测、分类、定位和跟踪，进行水下通信和导航。此外，声呐技术还广泛用于鱼雷制导、水雷引信，以及鱼群探测、海洋石油勘探、船舶导航、水下作业、水文测量和海底地质地貌的勘测等。

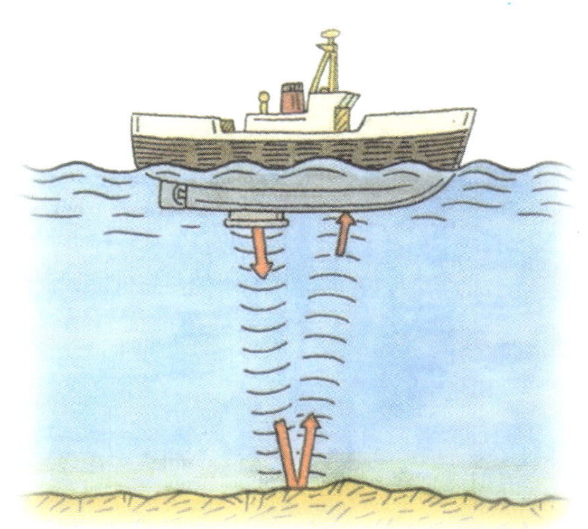

我来考考你

1. 声音都能在哪里传播？声音在哪里不能传播？
2. 人耳听不到的声波都有哪些？
3. 下面属于噪音的有（　　）。

A. 说话声　　B. 雷声　　C. 汽笛声　　D. 广播

神通的能量波——光

光是自然界中最常见的一种能量波，所有的光都有色彩，每天与我们见面的太阳光也是由赤、橙、黄、绿、青、蓝、紫等七种颜色组成的。我们的眼睛能感觉物体在光线照射下反射出的不同颜色，于是我们眼里的世界就变得五彩缤纷起来。下面就让我们来了解一下光的秘密吧！

光从哪里来

光都是从光源发出来的，光源又称为“发光体”。光源可以分为自然光源和人工光源。自然光源主要是太阳。另外，晚上闪闪发光的星星也是自然光源，但因为它们距离地球太远，所以能传到地球的光线非常有限，无法像太阳那样明亮。人工光源主要有白炽灯、荧光灯、高压放电灯。家庭和一般公共建筑所用的主要人工光源是白炽灯和荧光灯等。自然界有一些生物也会发光，称为“冷光”，如萤火虫。

光的速度是世界上最快的速度，任何速度都没有光的速度快。光波在真空中的传播速度是(299792.458±0.001)千米/秒。

山行

（唐）杜牧

远上寒山石径斜，白云深处有人家。
停车坐爱枫林晚，霜叶红于二月花。

洋话天天说

A：I'm mad at you!
B：I'm sorry, please forgive me.
A：你气死我了！
B：对不起，请原谅。

光的直线传播

光线是沿直线传播的。光在传播过程中，遇到不透明的物体时，光线就被挡住，它又不能从物体旁边绕过去，因此，物体背光的一面就出现一块比较黑暗的区域。我们把这块较黑暗的地方叫作“影子”。影子的形状与大小不是固定不变的。早晨上学，你身后拖着一条长长的影子，中午放学时影子只剩下很小的一点儿，傍晚的影子又会变得很长，这是由于一天中太阳在天空中的位置不断发生变化而造成的。而在灯下，影子也会随着光源的远近和角度的不同而发生变化。离灯越远，影子会越小；离灯越近，影子会越大。人们在很早以前，就已学会了利用影子的原理来做一些有趣的手影游戏。我国劳动人民还把影子搬上了舞台，创造了形象生动的皮影戏。

光的反射现象

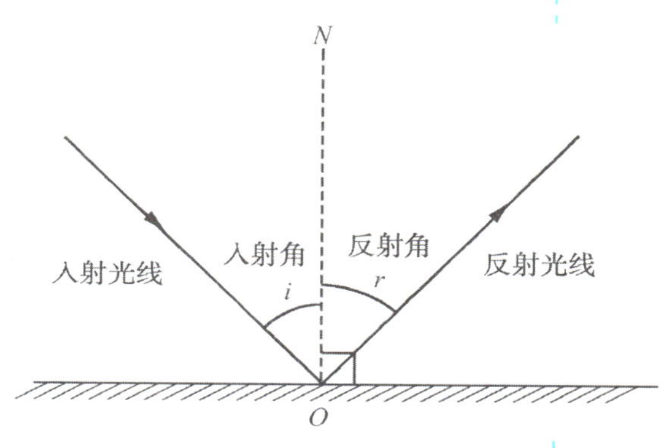

光照到物体表面时，被物体挡住，改变了原来的传播方向，反了回去，这种现象叫作“光的反射”。各种物体都能反光，虽然反光情况不同，但都遵守光的反射定律：光在反射现象中，反射线和入射线与法线位于同一平面内，反射线和入射线分别位于法线两侧，反射角等于入射角。我们日常生活最常见的照镜子的原理就是光的反射。人们能够看见本身不发光的物体，也都是因为他们能够反射光的缘故，一般情况下，明亮物体反射的光比暗的物体多。

光的折射现象

光从一种介质斜射入另一种介质时，传播方向一般会发生变化，这种现象叫“光的折射”。光的折射与光的反射一样都是发生在两种介质的交界处，只是反射光返回原介质中，而折射光则进入到另一种介质中。海市蜃楼就是光通过大气时被折射的结果。当太阳从高空的气层进入下面时，光的速度发生了变化，射来的光通过折射和反射将远处的山、水、人的景象映射到人们面前，于是便出现了蜃景。蜃景与地理位置、地球物理条件以及那些地方在特定时间的气象特点有密切联系，气温的反常分布是大多数蜃景形成的气象条件。

神奇的激光

同学们一定听说过激光吧。激光是一种特殊的光束，普通白色光是由不同颜色、不同波长的光组成的，激光则由相同波长或颜色的光组成。激光的方向性极好，在传播中始终像一条笔直的线，不易发散，光强也可以保证。一束激光射出20千米远，光斑只有杯口那么大；发射到38万千米外的月球上，光圈的直径也不过2千米。利用激光的这一特性，科学家在

题目：往一个篮子里放鸡蛋，假定篮子里的鸡蛋数目每分钟增加1倍，这样，12分钟后，篮子满了。那么，在什么时候是半篮子鸡蛋？
答案：第11分钟。

1962年测出了地球与月球的精确距离。激光具有穿透透明物质的能力，用它治疗眼部疾病效果极佳。经过几十年的发展，激光现在几乎是无处不在，它已经被用在生活、科研的方方面面：激光针灸、激光切割、激光手术刀、激光炸弹、激光雷达、激光枪、激光炮……将来激光肯定会有更广泛的应用。

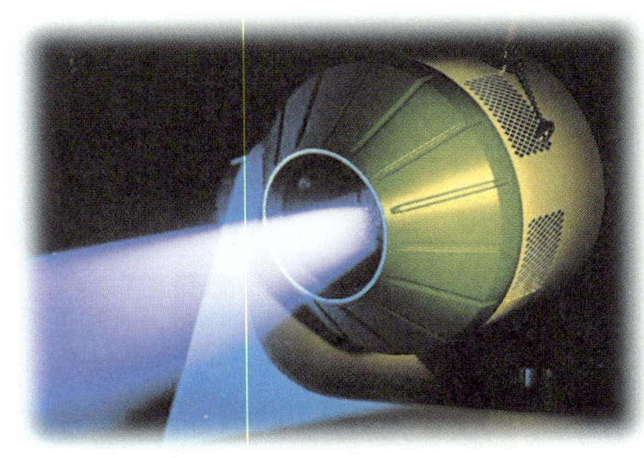

冰冷的生物光

在自然界中，有许多生物都能发光，如一些细菌、真菌、蠕虫、软体动物、甲壳动物、昆虫和鱼类等。这些动物发出的光都不产生热，所以又被称为“冷光”。冷光不仅具有很高的发光效率，而且一般都很柔和，很适合人类的眼睛。因此，人们用掺和某些化学物质的方法得到类似的冷光，作为安全照明使用。冷光不会产生磁场，因此还可以用于清除磁性水雷等工作。

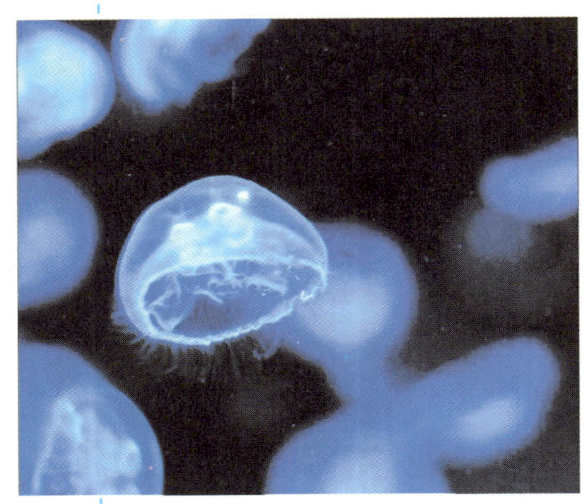

丈夫把结婚戒指在家里弄丢了，他在妻子的帮助下到处翻找，还是没找到。这时，天黑了，他便到门口继续找。邻居问他：“你在找什么？”他说：“找我的戒指。”邻居问：“你是把戒指丢在这里吗？”他说：“不是，我把戒指丢在家里了。”邻居又问：“你为什么不在家里找？”他说：“因为家里光线不足。”

我来考考你

1. 下面这些属于光源的是（　　）。
A. 镜子　　B. 电灯　　C. 太阳
2. 海市蜃楼是怎么形成的？
3. 什么是生物光？

人对光的感知——颜色

颜色是通过眼、脑和我们的生活经验所产生的一种对光的视觉效应。人对颜色的感觉不仅仅由光的物理性质所决定，也往往受到周围颜色的影响。那么，为什么物体是五颜六色的呢？下面，就让我们来探索颜色的秘密吧！

七色的光

颜色是人对光的感知，没有光就没有颜色，自然界中的光谱可分为七种颜色，即赤、橙、黄、绿、青、蓝、紫，这些光融合到一起，就会变成白色的光。各种颜色的光波长短不一，人的眼睛对它产生的生理感觉就不同。自然界中不同的物体颜色不同，实际上是反射的色光不同造成的。白光照在物体上会反射出色光，就是因为白光中包含许多频率不同的色光。不同物体反射不同色光的反射率不同，我们看到草是绿的，是因为草反射绿色的能力最强。黑色物体则是因为它吸收几乎所有频率的光，没有光反射时我们看到的物体就是黑色的。同样，能反射所有波长的光的物体，表面是白色的。

清明
（唐）杜牧

清明时节雨纷纷，路上行人欲断魂。
借问酒家何处有？牧童遥指杏花村。

洋话天天说

A：Ha，ha，you fell down.
B：Don't make fun of me！
A：哈！哈！摔倒了呀。
B：别取笑我！

色光三原色

在色光中，红、绿、蓝这三种颜色的光可按一定的比例配合出其他所有色光，而这三种色光却都不能由其他色光混合产生，人们称这三个独立色光为“色光三原色”。

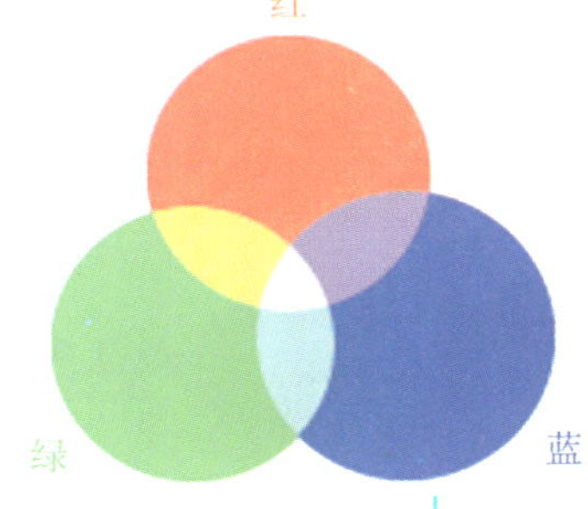

由两种或三种原色光相互混合，获得另外一种色光的方法，人们称之为“色光加色法”。自然界所有的颜色都可以根据红、绿、蓝这三种成分的不同比例用色光加色法合成。三色等量混合在一起变成白色。电视机上的基色就是红、绿、蓝，其他色光都是由此调出的。

光与物体的颜色

不透明物体的颜色由它反射的色光决定，物体显示的颜色与照在它上面的光也有很大的关系，比如用红光照射树叶，树叶不能反射红光，而将其吸收，这样我们看到的就不是绿叶，而是黑色的树叶了。阳光是包含所有色光的白光，在阳光的照射下，显示出五彩缤纷的世界。过去我们晚上用的灯是油灯、蜡烛，这些光源发出的光是偏黄的光，与阳光的光谱不同，即使照在同一个物体上，物体反射出来的光也与阳光下反射出来的光不同，我们看到的物体颜色也就不同了。

透明物体的颜色由它能够透过的色光决定，比如红色的玻璃就是能够透过红光的玻璃，蓝玻璃是能透过蓝光的玻璃……能透过所有色光的物体是无色透明的物体，比如水。

思维对对碰

题目："达可号"开始驶向波涛汹涌的大海，虽然它可容纳 500 人，但这次只坐了 320 人。据在海上巡逻的人说，"达可号"在离港仅 40 分钟后便突然开始下沉。据后来的调查，"达可号"突然下沉，并非因为"达可号"有破洞，或发生爆炸、破坏之类的事故，那么，你能猜到"达可号"突然下沉的原因是什么吗？

答案："达可号"是艘潜艇。

蓝色的海洋

大海看起来是那么蓝、那么美，可实际上，海水也是无色透明的。海水看上去是蓝色的，是由于阳光的作用。阳光中波长越长的光越容易透射到海水里，并且很容易被海水或海洋生物吸收。而波长短的大部分发生了反射，而未能进入海水。因此，当太阳光照射到海面上的时候，波长最短的蓝光和紫光就几乎完全被反射了。而人的眼睛更容易感觉到蓝色，所以我们所看到的海水就是蓝色了。

雨后的彩虹

雨后空气中有许多小雨滴，原本笔直行进的光，透过大气层穿过小雨滴时就会发生光的折射，分解成七色光，这就是雨后的彩虹。光折射的角度因颜色而各异，所以七种颜色会以各自不同的角度折射，并且很漂亮地排列起来。有些时候，一条彩虹的上面还有稍淡一点的另一条彩虹，这是光反射两次形成的。

因为彩虹只呈现于与太阳方向相反的天空，所以想在雨后看彩虹时要背对着太阳。观察者的位置不同，彩虹的形状也不同，地面上的观察者看到的通常是半圆形，而高空中的飞行员看到的是环形。

“你知道哪些海？”地理老师问汤姆。

汤姆怎么也答不出来，旁边的同学悄悄地提示他：“黑海、红海……”

汤姆急不可耐地回答道：“各种颜色的海。”

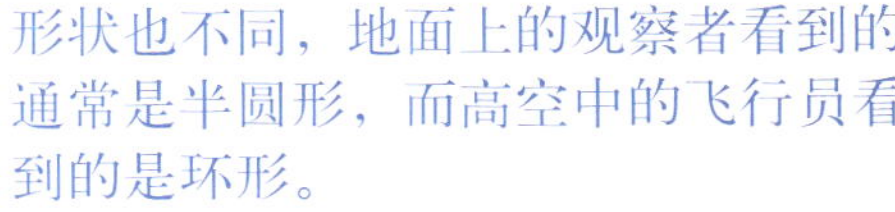

颜色与安全

在生活中我们经常听到“绿色通道”“黄牌警告”“红色通缉”等一些关于颜色的术语。颜色在安全中又扮演什么角色呢？

红、黄、蓝、绿被规定为国际通用安全色，目的是使人们能够迅速发现或分辨安全标志和提醒人们注意。

红色表示禁止、危险。它在人们心理上会产生很强的刺激性，易使人们神经紧张、血压升高、心跳和呼吸加快，从而引起高度警惕，因此用于紧急停止标志。

黄色表示警告、注意。它比红色有更高的明亮度，特别能引起人的注意，所以用作警告的色彩，如安全帽、信号灯等。

蓝色表示指令、必须遵守的规定，如指令标志、交通指示标志等。

绿色则表示安全。它能使人联想到大自然，而产生舒适、宁静、安全感，因而用绿色表示安全信息。

我们一定要掌握安全颜色，它会使我们在生活中很容易辨别所在地方的安全系数。

我来考考你

1. 白光是由哪几种光组成的？

2. 色光三原色是（　　）。

A. 红、绿、黄　　B. 红、绿、蓝　　C. 红、黄、蓝

3. 在生活中，红色表示____，黄色表示____，蓝色表示____，绿色表示____。

A. 安全　　B. 警告　　C. 危险　　D. 指令

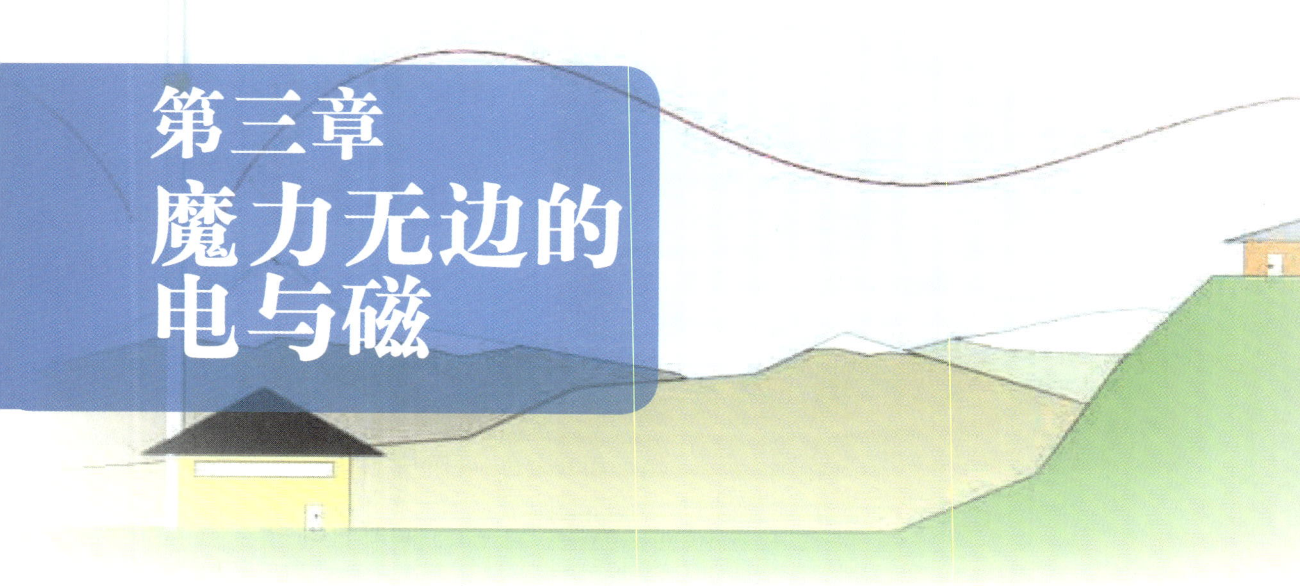

第三章 魔力无边的电与磁

社会发展的动力——电

我们都知道，电是我们生活中不可缺少的东西。电灯、电视、电冰箱……这些家用电器之所以能够为我们服务，都是因为电。电是现代社会应用最多、使用最方便、对环境污染比较少的一种能源。我们平常用的电来自发电厂，发电厂将煤、天然气、石油、风力、太阳能等能源转化为人们直接可以利用的电能，电能经过变压器处理后输送进居民家里供千家万户使用。下面，就让我们来探索电的奥秘吧。

摩擦起电

两种不同的物体相互摩擦后，就可以吸引轻小的东西，这是为什么呢？这是由于经过摩擦，激活了物体中的神奇物质——电荷，所有物体的起电过程实际上都是物体中电荷的移动过程。电荷不可能脱离物体而存在。一个物体失去电子，就会带正电荷，这时，必定有另一个物体得到电子而带负电荷。起电的过程并不能创造电荷，只是转移电荷，电荷不能创造，不能消灭，只能从一处转移到另一处。科学上把这种经过摩擦使物体带电的方法叫作“摩擦起电”。摩擦起电现象非常常见，例如在干燥的天气里，当你用毛皮去摩擦塑料棒的时候，会听到“噼噼啪啪”的声音。再比如在干燥天气的夜晚，当你脱毛衣与头发相擦时，也会听到这种噼啪声；如果没有灯光，你可能会看到细小的火花。

电场

电场，是物质存在的一种形式，所有物质都带有具有自己特性的电场。人们通过电场线来形象描述电场的分布。电场分为两种：一种是静电场，一种是感应电场。静电场是由静止电荷激发的电场，它的电场线起于正电荷，终止于负电荷。感应电场是变化磁场激发的电场，它的电场线是闭合的，没有起点、终点，闭合的电场线包围变化的磁场。电场的特性是对电荷有一种作用力——电场力，正电荷受力方向与电场线方向相同，负电荷受力方向与电场线方向相反。

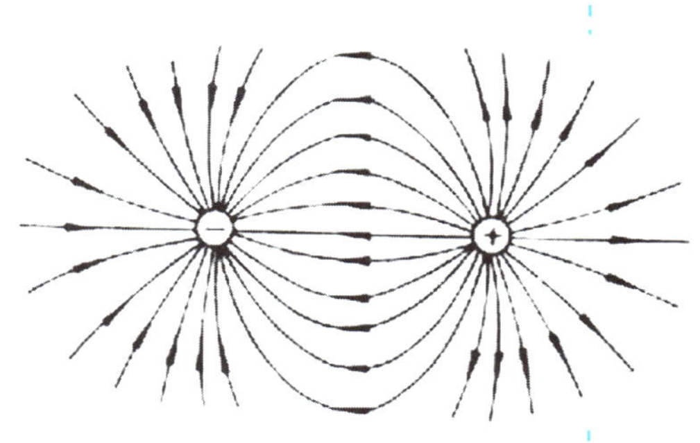

静电感应

在日常生活中，我们经常会感觉到静电，最常见的是摩擦起电，比如脱毛衣时的噼啪声。静电感应是指一种不带电的导体在受到外电场或带电体的作用下而在表面不同的部分出现电量相等、电性相异的电荷的现象。一般在附近带电体的电场作用下，导体中的自由电子进行重新分布，直到导体内的电场的强度减小到零为止。结果靠近带电体的一端出现与它不同号的电荷，另一端出现与它相同号的电荷。当发生静电感应时，由静电感应所得的感应电荷必须是同时产生的，而且正、负电量相等。当带电体拿开时，导体上的电荷将恢复原来不带电的状态。

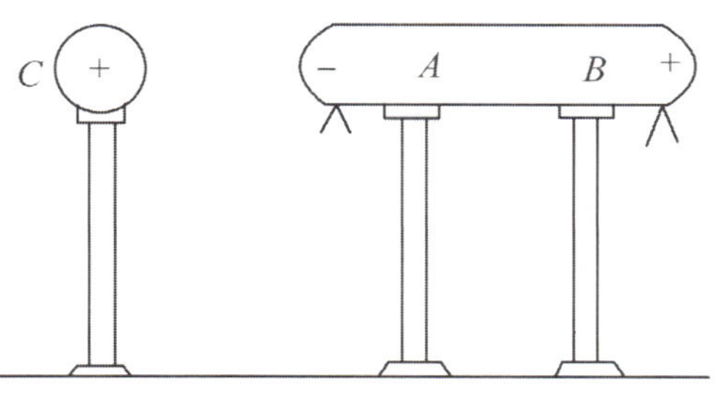

诗词贝贝乐

声声慢

（南宋）李清照

寻寻觅觅，冷冷清清，凄凄惨惨戚戚。乍暖还寒时候，最难将息。三杯两盏淡酒，怎敌他晚来风急？雁过也，正伤心，却是旧时相识。

满地黄花堆积，憔悴损，如今有谁堪摘？守着窗儿，独自怎生得黑！梧桐更兼细雨，到黄昏，点点滴滴。这次第，怎一个愁字了得！

天然的电厂——闪电

闪电是云与云之间、云与地之间和云体内各部位之间的强烈放电。通常是暴风云产生电荷，底层是负电，顶层是正电，而且还在地面产生正电荷，紧紧地跟着云移动。正电荷和负电荷彼此相吸引，但空气却不是良好的传导体。正电荷奔向树木、山丘、高大建筑物的顶端甚至人体上，企图和带有负电荷的云层相遇；负电荷树枝一样的触角则向下伸展，越向下伸越接近地面。最后正、负电荷终于克服空气的阻碍而相遇。巨大的电流沿

着一条传导气道从地面直向云层涌去，产生出一道明亮夺目的闪光。它蕴含的电能非常强大。一道闪电的长度可能有数百米，最长的可达数千米。闪电的温度，从17000摄氏度到28000摄氏度不等，也就是等于太阳表面温度的3～5倍。

A：How was the movie？
B：It was terrible.
A：电影怎么样?
B：糟透了。

伟大的里程碑——人工发电

我们这个世界上的所有物质都是由原子构成的，金属原子携带有许多可以移动的电子。如果将电池与小灯泡用导线连接起来，那么导线中就会有很多电子流动而点亮灯泡。我们通常所说的“电”，实际上指的就是电子的流动。比如，发电厂是靠转动发电机来产生电力，它先使用煤、天然气等能源，或通过核反应、蒸汽等获得动能，之后再用巨型发电机将动能转化成电能。电有两种类型：直流电和交流电。我们日常用的干电池、蓄电池所提供的电流是直流电，从发电厂到住宅和工厂使用的是交流电。

导体与绝缘体

我们知道，有的东西能导电，有的东西不导电，我们把善于传导电流的物质称为导体，不善于传导电流的物质称为绝缘体。导体和绝缘体本身都存在电阻。导体的电阻很小，绝缘体的电阻很大。电阻是物体的一种基本性质，与它们的材料、温度有关。导体中存在大量可以自由移动的带电物质微粒，称为“载流子”。在外电场作用下，载流子做定向运动，就形成了明显的电流。

金属是最常见的一类导体，电解质的水溶液和熔融电解质也是导体。在极低温度下，某些金属与合金的电阻将消失而转化为“超导体”。绝缘体的种类很多，有固体，如塑料、橡胶、玻璃、陶瓷等；有液体，如各种天然矿物油、硅油等；有气体，如空气、氮、二氧化碳、六氟化硫等。绝缘体在某些外界条件（如加热、加高压等）影响下，会被“击穿”，而转化为导体。还有一种是电阻率介乎金属与绝缘体之间的导体，叫“半导体”，例如锗、硅等，它们的电阻率会随温度的升高而迅速减小。

承载电的管道——电缆

大家都知道，水在管中之所以能流动，是因为有着高水位和低水位之间的差别而产生的一种压力，水才能从高处流向低处。城市中使用的自来水，之所以能够一打开水龙头就能从管中流出来，也是因为自来水的贮水塔比地面高，或者是由于用水泵推动水产生压力差的缘故。电也是如此，电流之所以能够在导线中流动，也是因为在电流中有着高电位和低电位之间的差别。这种差别叫“电位差”，也叫“电压”。

电的输送是依靠电缆来完成的。发电厂产生的电经过变压器的升压输送到城市、工业区附近的一次变电所，经过一次降压后分配给二次变电所和工厂自己使用的变电所，然后经过二次变电所的降压后再输送到工厂、大厦、居民区等地，最后一道程序就是经过变压器的处理，就可以直接使用了。

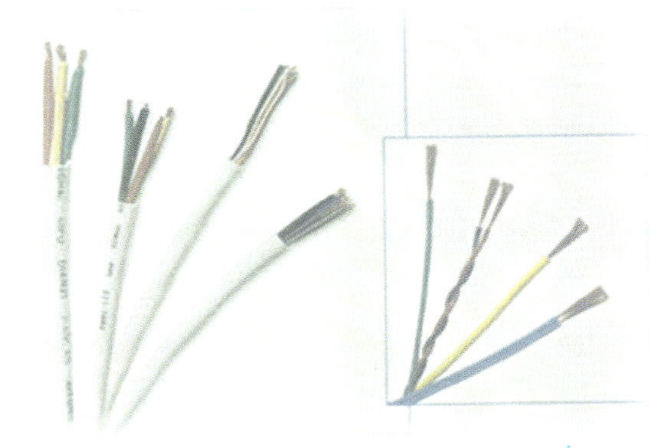

妈妈：“明明，你又看电视了！”

明明：“我不是在看电视。”

妈妈：“那你在做什么？”

明明：“我在核对报纸上的电视节目表有没有印错。”

进入家庭的电

同学们听过“变压器”这个词吗？变压器是一种变换电压的静止电器，是一种把电压和电流转变成另一种（或几种）同频率的不同电压、电流的电气设备。发电机发出的电能，需要升高电压才能送到远方的用户，而用户则需要把电压再降成低压才能使用，这个任务是由变压器完成的。电流传输的最后阶段是社区的变压器，经过最后一次变压，电流经过接户线引入家庭。变压器所能变换的只是交流电压的电压值，不能变换成直流电，也不能改变交流电的频率。

电线进入室内以前，先接到室外的电表，再接入室内配电箱的断路器，当电流超过规定值以上时，断路器会自动跳开，以保证使用电器的安全。在总断路器之后，电流依照用电场所和用电量分几个支路，经各分支断路器接到附有过载保险丝的插座和电灯。经过重重装置和设备的约束保证，家庭就可以按照自己的需要安全用电了。

电池的奥秘

大家对电池一定不陌生，我们平时用的手电筒、电话机、遥控器和收音机就是利用电池来工作的。电池可分为两大类：一种是用完就丢弃，不能再使用的干电池，叫“一次电池”；另一种则是可再充电而反复使用的蓄电池，叫“二次电池”。最普通的电池是干电池，干电池里装着一种糊状的化学物质，外面包裹着一层锌壳，在电池中央还有一根碳棒，碳棒和化学物质发生化学反应从而产生电流。蓄电池是电池中的一种，它的作用是能把有限的电能储存起来，在合适的地方使用。它的工作原理就是把化学能转化为电能。它用填满海绵状铅的铅板作负极，填满二氧化铅的铅板作正极。铅蓄电池是能反复充电、放电的电池。

我来考考你

1. 下面是绝缘体的是（　　）。

A. 干燥的木棍　　B. 湿木棍　　C. 铜棒

2. 电池包括哪两大类？

看不见的自然力——磁

磁是一些金属或矿石发出的看不见的自然力，它能够吸引或者排斥某些物质。天然的铁矿石可以是磁体，铁或者镍一类的金属也可以经过人工制作变成磁体，磁体能吸引铁、镍、钴等物质，但是不吸引铜、铝、金、银和铅。下面，就让我们来探索磁的秘密吧！

诗词贝贝乐

醉花阴

（南宋）李清照

薄雾浓云愁永昼，瑞脑消金兽。
佳节又重阳，玉枕纱厨，半夜凉初透。
东篱把酒黄昏后，有暗香盈袖。
莫道不消魂，帘卷西风，人比黄花瘦。

磁现象的发现

先秦时代，我们的先人已经积累了许多这方面的认识，在探寻铁矿时常会遇到磁铁矿，即磁石（主要成分是四氧化三铁）。这些发现很早就被记载下来了。《管子》的《数篇》中最早记载了这些发现：“山上有磁石者，其下有金铜。”其他古籍如《山海经》中也有类似的记载。磁石的吸铁特性很早就被人发现，《吕氏春秋》卷九《精通篇》就有：“慈招铁，或引之也。”那时的人称“磁”为“慈”，他们把磁石吸引铁看作慈母对子女的吸引，并认为：“石是铁的母亲，但石有慈和不慈两种，慈爱的石头能吸引他的子女，不慈的石头就不能吸引了。”据说秦始皇统

一六国后，在咸阳附近修阿房宫，宫中有一座门是用磁石做成，如果有人身穿盔甲，暗藏兵器，入宫行刺，就会被磁石门吸住。这个故事告诉我们，古代劳动人民很早就掌握了磁学知识。

既然磁石能吸引铁，那么是否还可以吸引其他金属呢？我们的先民做了许多尝试，发现磁石不仅不能吸引金、银、铜等金属，也不能吸引砖瓦之类的物品。西汉的时候，人们已经认识到磁石只能吸引铁，而不能吸引其他物品。

洋话天天说

A：We are going to leave now！

B：Hey！ Wait for me！

A：我们现在就离开！

B：等等我！

磁体的利用

“吸铁石”不仅可以吸引铁，而且会相互吸引和排斥。很早就有人注意到了这种现象，并把这种性质叫作“磁性”。每个磁体都有性质不同的两极，叫作“磁极”。磁体之间呈现同性磁极相互排斥、异性磁极相互吸引的现象。人类居住的地球也是一个巨大的磁体，它也有两极。这两个磁极的位置与地球的南极和北极很接近，人们把地球北极附近的磁极称为“地磁南极”，另一磁极就称为“地磁北极”。现代化的磁悬浮列车是利用同性磁极相互排斥的原理使列车悬浮在轨道上，这种列车可以行驶得非常快。磁卡也是对磁体的利用。

无处不在的磁场

磁体之间不接触就有吸引或排斥作用，是因为存在磁场作为产生作用的媒介。磁体不是磁场的唯一来源，在电流、运动的电荷以及变化的电场的周围都可以产生磁场。磁场的基本性质是：对处于磁场中的磁体、电流、运动的电荷有力的作用，而且磁体总是要与另一物体的磁场相结合，磁性越强，磁场越大。宇宙天体都存在着强度极为不同的磁场；人体的一些组织、器官也会由于生命活动而产生强度不同的微弱磁场。

题目：小时青青腹中空，长大头发蓬蓬松，姐姐撑船不离它，哥哥钓鱼拿手中。（打一植物）

答案：竹子。

神奇的磁化

如果把一根针和磁铁放在一起，过不了多久，这根针就会和磁铁一样，也能具有磁性，可以吸引金属了，这就是

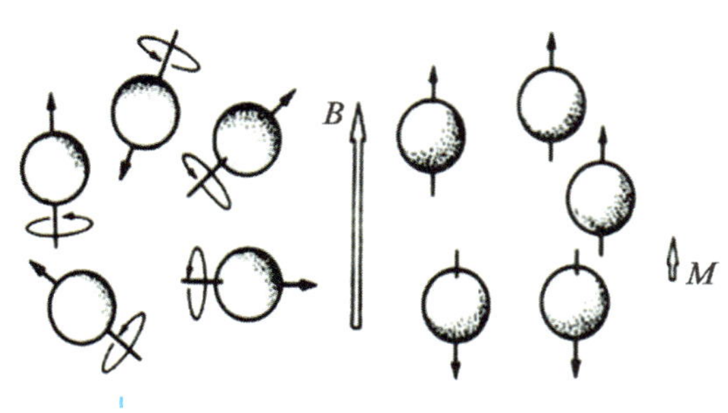

磁化现象。磁化是指使原来不具有磁性的物质获得磁性的过程。

磁性材料里面分成很多微小的区域，每一个微小区域就叫一个“磁畴”，每一个磁畴都有自己的磁距（即一个微小的磁场）。一般情况下，各个磁畴的磁距方向不同，磁场互相抵消，所以整个材料对外就不显磁性。当各个磁畴的方向趋于一致时，整块材料对外就显示出磁性。所谓“磁化”，就是要让磁性材料中磁畴的磁距方向变得一致。当对外不显磁性的材料被放进另一个强磁场中时，就会被磁化，但是，不是所有材料都可以被磁化，只有少数金属及金属化合物可以被磁化。

肚皮笑笑破

妈妈一面开启沙丁鱼罐头，一面对儿子说：“冬冬，你知道吗，有时海里的大鱼会把这种小鱼一口吞掉。”

冬冬问：“妈妈，那海里的大鱼怎样把罐头打开呢？”

伟大的发明——指南针

指南针是用以判别方位的一种简单仪器。

指南针的前身是中国古代四大发明之一的司南，主要组成部分是一根装在轴上可以自由转动的磁针。磁针在地磁场作用下能保持在磁子午线的切线方向上。磁针的北极指向地理的南极，利用这一性能可以辨别方向。常用于航海、大地测量、旅行及军事等方面。

指南针的发明是我国劳动人民在长期的实践中对物体磁性认识的结果。由于生产劳动，人们接触了磁铁矿，开始了对磁性质的了解。人们首先发现了磁石引铁的性质，后来又发现了磁石的指向性，经过多方的实验和研究，终于发明了实用的指南针。

无形的磁力线

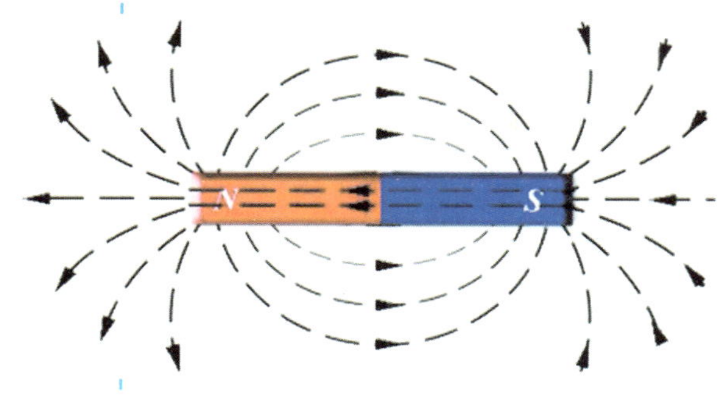

磁场有方向，在某一位置磁针北极的指向就是该点的磁场方向。把铁屑撒在玻璃板上的条形磁铁周围，轻敲玻璃板，注意观察铁屑的排列，就会发现，铁屑会沿着一种闭合的曲线排列起来，这就是磁力线。磁力线是从磁铁北极出来回到磁铁南极的，它表示的是磁场的方向，而且永远是闭合的曲线。磁力线是无形的，并不能被人的肉眼所看到，这个实验能用铁屑的排列来形象地把它存在的轨迹表现出来。

电与磁的神奇结合

电和磁是不可分割的，它们始终交织在一起。简单地说，就是电生磁、磁生电。它们很多时候是共同存在、相互作用、相互依存的。

早在1831年，英国物理学家法拉第就发现了电磁感应现象。法拉第在软铁环两侧分别绕两个线圈，其一为闭合回路，在导线下端附近平行放置一磁针；另一与电池组相连，接开关，形成有电源的闭合回路。实验发现，合上开关，磁针偏转；切断开关，磁针反向偏转，这表明在无电池组的线圈中出现了感应电流。电磁感应现象是电磁学中最重大的发现之一，它揭示了电和磁之间的联系。电磁感应现象在电工技术、电子技术以及电磁测量等方面都有广泛的应用，发电机就是依据电磁感应原理工作的。

我来考考你

1. 指南针是谁发明的？
2. 你能说说磁化原理吗？

变化无穷的电磁波

电磁波是具有某些电的特性和磁的特性的横波。变化的电场和磁场可以产生电磁波，我们的眼睛看到的光也是一种电磁波，但它只是电磁波里面很小的一部分。无线电波、红外线、可见光、紫外线、X射线、γ射线都是电磁波，这些电磁波因为波长的不同而各有它们的作用。下面，就让我们来认识一下常见的电磁波吧。

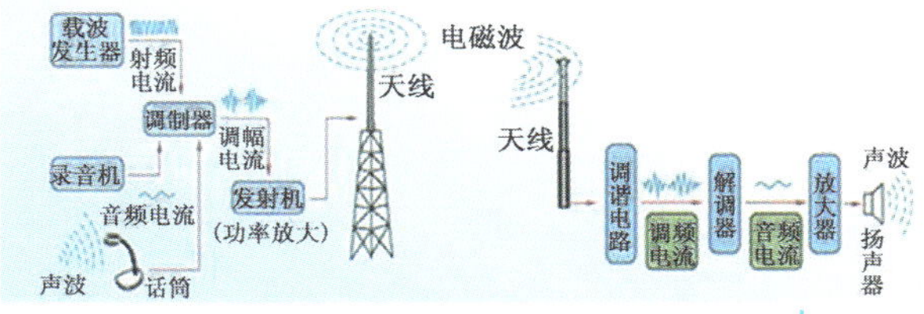

本领非凡的无线电波

无线电波是波长最长、频率最低的电磁波，它的波长从几毫米到数千毫米都有。雷达、微波炉、电视、收音机等就是利用各自不同的无线电波来工作的。通常，无线电波有三种传播方式：地波、天波和沿直线传播的波。沿地球表面附近的空间传播的无线电波叫“地波”。地球是个良导体，地球表面会因地波的传播引起感应电流，因而地波在传播过程中有能量损失。地波的传播比较稳定，不受昼夜变化的影响，而且能够沿着弯曲的地球表面达到地平线以外的地方，所以长波、中波和中短波可用来进行无线电广播。依靠电离层

如梦令
（南宋）李清照

常记溪亭日暮，沉醉不知归路。兴尽晚回舟，误入藕花深处。 争渡，争渡，惊起一滩鸥鹭。

的反射来传播的无线电波叫作“天波”。短波最适宜以天波的形式传播，它可以被电离层反射到几千千米以外。由于电离层夜间对中波和中短波的吸收减弱，这时中波和中短波也能以天波的形式传播，所以收音机在夜晚能够收听到许多远方的中波或中短波电台。无线电波跟可见光一样，是沿直线传播的，它们有的是从宇宙中遥远的天体上传来的，所以这种无线电波被叫作“空间波”。无线电波望远镜就是用来接收遥远天体发射的无线电波的仪器。

高度振荡的微波

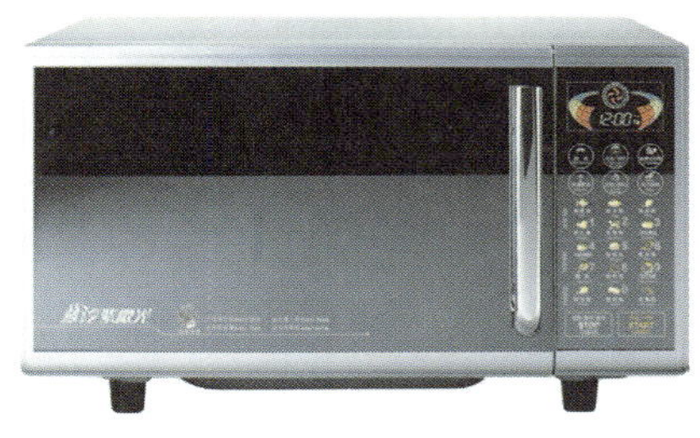

微波是指频率为 300MHz ~ 300GHz 的高频电磁波，是无线电波中一个有限频带的简称，即波长在 1 米到 1 毫米的电磁波，是分米波、厘米波、毫米波和亚毫米波的统称。它具有直线性、反射性、吸收性和穿透性等特征，应用于各行各业。微波炉的微波与广播、电视的电波相似，它本身不会发热，只是一种能量，但微波每秒 24.5 亿次的振荡频率能高速振荡物体内的水分子和脂肪分子，使其相互摩擦碰撞，从而产生热量。人们日常生活中使用的微波炉就是将通用的电能转化为 2455MHz 的超高频电磁波（即微波）被食品吸收，使微波能又转化为热能，从而达到加热食物的目的。对于水和食物等来说，它们会吸收微波而使自身发热。而金属类东西，则会反射微波。因此，在使用微波炉的时候，不能用金属容器来盛装要加热的食物，那样会导致微波炉损坏。

夜间透视的红外线

在红光以外的、肉眼看不见的、具有热效应的光线叫作“红外线”。红外线由德国科学家霍胥尔于 1800 年发现，又叫作“红外热辐射”。红外线是太阳光线中众多不可见光线中的一种。太阳光谱上红外线的波长大于可见光线。红外线可分为三部分：近红外线、中红外线、远红外线。

大多数物体都会反射红外线，所以红外线也可以用于监测报警装置和夜间照相，近年来在军事、人造卫星以及工业、卫生、科研等方面的应用日益广泛。

太阳光到了晚上的确是几乎没有了，但是地球上的物质都会辐射红外线。红外线照相机的工作原理就是通过接收各种物质发出的红外线，再把他们展现出来。用红外线照相机拍摄的照片，经过计算机处理后，可以从颜色看出温度的不同。红色表示高温，黑色或蓝色表示低温。红外线透视和夜视是分别利用了红外线的不同性质。夜视是因为人的肉眼不能看见红外线，而特殊设计的照相机和夜视仪却专门接收红外线，所以会出现我们觉得一片漆黑、相机却能拍到东西的现象。

红外线还具有生热的作用，可用来取暖和干燥，如红外线烤箱、红外线炉等。

消毒灭菌的紫外线

紫外线是指电磁波谱中波长为 10 ～ 400 纳米的辐射的总称。1801 年，德国物理学家里特发现，在日光光谱的紫端外侧有一段能够使含有溴化银的照相底片感光，因而发现了紫外线的存在。自然界的主要紫外线光源是太阳。太阳光透过大气层时，紫外线会被大气层中的臭氧吸收掉。人工的紫外线光源有多种气体的电弧(如低压汞弧、高压汞弧)。紫外线能使照相底片感光，荧光作用强，日光灯、各种荧光灯和农业上用来诱杀害虫的黑光灯都是用紫外线激发荧光物质发光的。紫外线还有生理作用，能杀菌、消毒、治疗皮肤病和软骨病等。紫外线的粒子性较强，能使各种金属产生光电效应。

通过特殊工艺制成的紫外线灯，可用来进行消毒灭菌。波长最短的紫外线具有杀伤生物细胞的能力。因此，紫外线除了用于医院等地方消毒外，还可以用于游泳池和水上公园水源的净化。

近年来，大量化学物质破坏了大气层中的臭氧层，破坏了这道保护人类健康的天然屏障，使得紫外线的危害日益严重。紫外线强烈作用于皮肤时，可引发光照性皮炎，皮肤上出现红斑、水疱、水肿等，严重的还可引起皮肤癌。紫外线作用于中枢神经系统，会出现头痛、头晕、体温升高等，作用于眼部，可引起结膜炎、角膜炎（称为“光照性眼炎”），还有可能诱发白内障；在焊接过程中产生的紫外线会使焊工患上电光性眼炎。

紫外线在一年四季都存在，虽然冬季太阳光显得比较温和且北方多雾，但紫外线仅仅比夏天弱约 20%，仍然会对人体皮肤和眼睛等部位造成很大危害，所以冬季仍需避免紫外线照射。长期紫外线照射最易使皮肤产生各种色斑。所以，即使是在寒冷的冬天，户外活动时也应涂抹隔离霜或防晒霜。如果是外出进行滑雪运动或在雪地里长时间停留时，最好还是戴上护眼镜，以防止紫外线和雪地强白光对眼睛的刺激。

洋话天天说

A：Do you understand me？

B：I know what you mean.

A：你明白吗？

B：我知道你的意思。

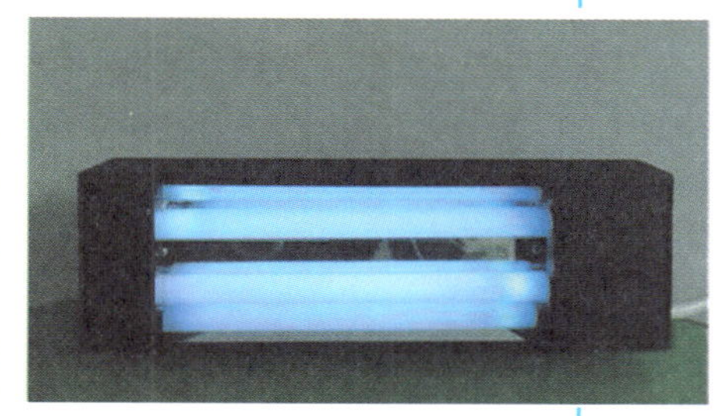

题目：不是葱不是蒜，一层一层裹紫缎，说葱比葱长得矮，像蒜就是不分瓣。（打一蔬菜）

答案：洋葱。

电磁波中的双刃剑——射线

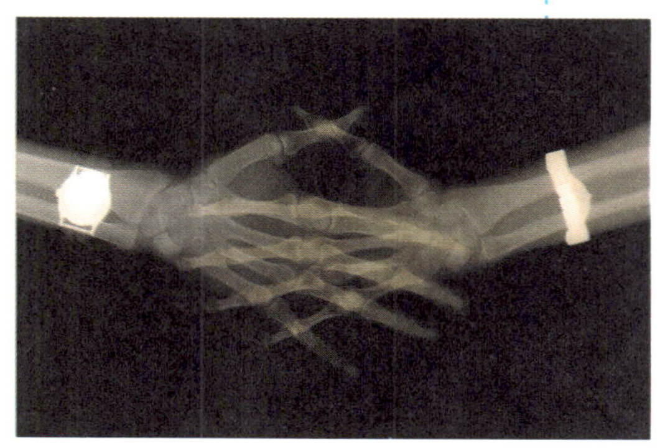

X 射线

1895 年，德国物理学家伦琴发现了 X 射线。由于它的波长很短，所以穿透本领很强。在医学上可以用于人体的透视，检查体内的病变和骨骼情况，

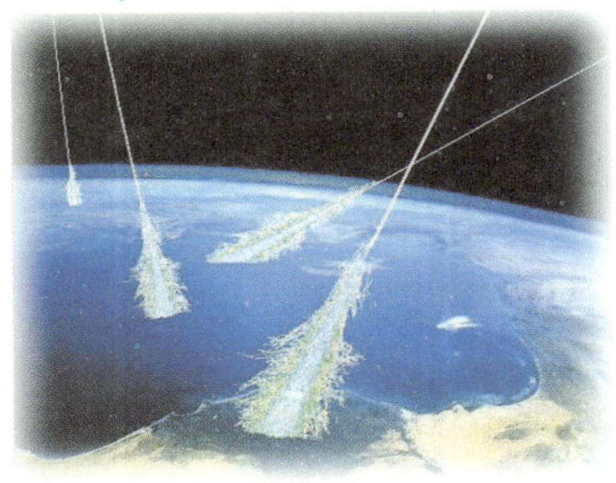

如X射线诊断、X射线治疗、X射线分析、X射线探伤等等；在工业上用于零件探伤，检查金属部件有没有缺陷。长期接触X射线对人体有害，使用时应该有一定的措施来保护自己。

γ 射线

γ 射线是一种强电磁波，它的波长比 X 射线还要短，一般波长小于 0.001 纳米。γ 射线具有极强的穿透本领，可以射入人体的内部，在医疗中可用 γ 射线透过人体进行诊断，并将它定位在肿瘤，将肿瘤细胞杀死。但这种射线只可少量使用，过度照射 γ 射线可致癌。

宇宙射线

所谓“宇宙射线”，指的是来自于宇宙中的一种具有相当大能量的带电粒子流。1912 年，德国科学家韦克多·汉斯带着电离室在乘热气球升空测定空气电离度的实验中，发现电离室内的电流随海拔升高而变大，从而认定电流是由来自地球以外的一种穿透性极强的射线所产生的，于是有人为之取名为“宇宙射线”。人们通过对宇宙射线的研究，可以更好地认识宇宙，对天文事业有很大帮助。

但天体发出的宇宙射线到达地球的时候，很可能对空中交通产生一定程度的影响。比方说，现代飞机上所使用的控制系统和导航系统均由相当敏感的微电路组成。一旦在高空遭到带电粒子的攻击，就有可能失效，给飞机的飞行带来相当大的麻烦和威胁。

老师：张林，你把“我的哥哥去学校”这句话改写成将来式。

张林：我哥哥的儿子去学校。

我来考考你

1. 我们打手机时所应用的电磁波是（　　）。
   A. 无线电波　　B. 微波　　C. 红外线
2. 电磁波都有哪些？

第四章 无穷的机械力量

力，在物理学上，指物体之间的相互作用，能引起物体变速或形变。机械就是能够帮助人们用简便方法来完成复杂工作的装置。有些机械的构造很简单，例如杠杆、螺旋、轮、轴和滑轮等。而结构复杂的机械则通常是简单机械的合体，并通常依靠发动机带动。能加到机械上的力称为“作用力”，而机械做功的力称为“负荷”。

力与运动

我们生活的地球上有着各种各样的力，它们是万物运动的源泉。有了力的存在，物体才能做各种各样的运动。下面，就让我们来认识一下力与运动的奥妙吧。

运动的源泉——力

滁州西涧

（唐）韦应物

独怜幽草涧边生，
上有黄鹂深树鸣。
春潮带雨晚来急，
野渡无人舟自横。

一个物体受到力的作用，一定有另外的物体施加这种作用。前者是受力物体，后者是施力物体。只要有力发生，就一定有受力物体和施力物体。有时为了方便，只说物体受了力，而没有指明施力物体，但施力物体一定是存在的。力不但有大小，而且有方向。物体受到的重力是竖直向下的，物体在液体中受到的浮力是竖直向上的。力的方向不同，它的作用效果也不同。作用在运动物体上的力，如果方向与运动方向相同，将加快物体的运动；如果方向与运动方向相反，将阻碍物体的运动。可见，要把一个力完全表达出来，除了力的大小，还要指明力的方向。力可以分为两类：一类是根据力的性质来命名的，如引力、重力、弹力、摩擦力、分子力、电力、磁力，等等；另一类是根据力的效果来命名的，如拉力、压力、阻力，等等。

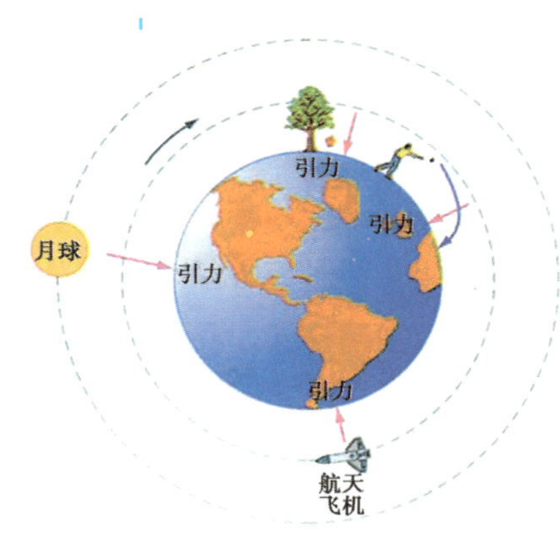

奇妙的引力

质量是物体的一种基本属性。物理学中，物体含有物质的多少叫“质量”。质量不随物体形状、状态、空间位置的改变而改变。质量的单位是千克。实验表明，一切有质量的物体之间都会产生互相吸引的作用力，称为“万有引力”。两个通常物体之间的万有引力极其微小，我们察觉不到它，可以不予考虑。但是，天体系统中，万有引力就起着决定性的作用。在天体中还算很小的地球，对其他物体的万有引力已经具有巨大的影响，它把人类、大气和所有地面物体束缚在地球上，它使月球和人造地球卫星绕地球旋转而不离去。

洋话天天说

A：Can you stop laughing?
B：I can't help myself.
A：你能不笑吗？
B：我控制不住。

竖直向下的重力

重力是一种由于地球的吸引而产生的力。地面上同一点处物体受到重力的大小跟物体的质量成正比。它的方向是竖直向下的。

在地球上，物体的各个部分都受重力的作用。但是，从效果上看，我们可以认为各部分受到的重力作用都集中于一点，这个点就是重力的作用点，叫作“物体的重心”。重心的位置与物体的几何形状及质量分布有关。形状规则、质量分布均匀的物体，其重心在它的几何中心。

重力并不完全等于地球对物体的地心引力。我们可以把地球对物体的引力分解为两个分力，一个分力 F_1 方向指向地轴，大小等于物体绕地轴做近似匀速圆周运动所受的地心引力；另一个分力 G 就是物体所受的重力，它的方向垂直于地面。可见 F_1 的大小在两极为零，随纬度减少而增加，在赤道地区为最大。因物体所受的地心引力是很小的，所以在一般情况下，可以近似认为物体所受引力的大小等于重力的大小。

神奇的浮力

液体和气体对浸在其中的物体有向上的托力，物理学中把这个托力叫作“浮力”。例如，从井里提一桶水，在未离开水面之前比离开水面之后要轻些，这是因为桶受到水的浮力。人能游泳，船能

题目：人脱衣服，它穿衣服；人脱帽子，它戴帽子。（打一日常用品）
答案：衣帽架。

在水中行驶，都是因为水的浮力作用。不仅是水，例如酒精、煤油或水银等所有的液体，对浸在它里面的物体都有浮力。空气也有浮力，氢气球能飞上高空，树叶下落时飘飘荡荡，都是因为受到了空气的浮力作用。浮力的大小与液体和气体的密度有关，密度越大，它们的浮力就越大。

肚皮笑笑破

爸爸责备童童："邻居非常不高兴，因为你一拳打肿了他儿子的眼睛。你说那是意外，是真的吗？"

童童说："当然是真的，我本来想打中他的鼻子的。"

厚重的大气压

地球的周围被厚厚的空气包围着，这些空气被称为"大气层"，大气受重力的作用包围着整个地球。空气的重量产生对物体的压力强度简称"大气压"。大气压力很大，对物体所产生的压力大约每平方厘米9.8牛顿。我们之所以没有感觉出大气有压力是因为身体内外都有空气，而使内外两边的压力互相抵消了，就好比一张绷在架子上的薄纸，用一个手指头轻轻一顶就会穿一个大洞，但如果纸的两面都用手指顶住，则用很大力气也不致损坏的道理一样。大气压在人的生活中处处存在，用吸管吸饮料这个简单的过程，正是利用大气压的原理，当人口刚接触吸管正要吸饮料时，此时吸管中的空气已基本被排空，吸管中大气压低于外面大气压，通过大气压将瓶中的饮料压入口中。如果没有大气压，我们将不能用吸管吸所有液体，我们还无法使用我们生活中很多很多的物品，如吸盘、打气桶等。

大气压的大小与高度、温度等条件有关。一般随高度的增大而减小。例如，高山上的大气压就比地面上的大气压小得多。在水平方向上，大气压的差异引起空气的流动，这就产生了风。大气压还受风力、温度等条件的影响而变化。一般晴天的大气压比阴天高，冬天的大气压比夏天高。

不变的属性——惯性

任何物体都具有保持静止状态或匀速直线运动状态的性质，这种性质叫"惯性"。

"惯性"与"力"不是同一个概念。子弹离开枪口后还会继续向前运动，水平道路上运动着的汽车关闭发动机后还要向前运动，这些都是惯性。那么，到底什么是惯性呢？惯性是一种性质，是物体本身的属性，物体始终具有这种性质，它与外界条件无关，只与物体的质量大小有关，质量越大，物体本身的惯性越大。而力是物体对物体的作用，力只有物体与物体发生相互作用时才有，离开了物体就无所谓力。惯性有大小，但它的大小没有具体数值。

我来考考你

1. 什么是地心引力？什么是重力？
2. 速度快惯性就大，这种说法对吗？为什么？

桃花溪
（唐）张旭

隐隐飞桥隔野烟，
石矶西畔问渔船。
桃花尽日随流水，
洞在清溪何处边。

简单的机械

所有机器都是由最简单的机械组成的，简单机械有杠杆、轮轴、滑轮、斜面、螺旋和楔。不管是什么样的机械，它们都有一个相同的作用，那就是帮助人们做事，许多像开罐头、紧螺丝等习以为常的事情，离开机械，人们就很难办到。下面，就让我们来了解一下这些简单机械吧。

杠杆的应用

杠杆是一种用于移动物体的简单机械，一根结实的棍子就能当作一根杠杆了。杠杆可分为省力杠杆、费力杠杆、等臂杠杆三种。省力杠杆常见的有抽水机的手柄、钳子、铡刀、独轮车、起瓶盖的起子等等。费力杠杆常见的有理发的剪刀、钓鱼竿、镊子等等。等臂杠杆常见的有天平、定滑轮等等。为了省力，我们应该用省力杠杆；为了省距离，应该用费力杠杆。既省力又省距离的杠杆是没有的。

变形的杠杆——轮轴

轮轴是由一个大轮与一个轴组成的简单机械，是一种变形的杠杆。汽车方向盘是常见的轮轴。司机用不大的力量转动汽车方向盘，在轴上就能产生很大的力，使汽车灵巧地转弯。轮轴有各种形态，不一定有明显的轮和轴，如带锁的门把、拧螺丝钉的扳子，其较粗的手柄也相当于大轮。日常生活中常见的辘轳、绞盘、石磨、手摇卷扬机、自来水龙头的扭柄等也都是轮轴类机械。

洋话天天说

A：Remember to keep up your hard study.
B：That's easy for you to say.
A：记得继续努力学习。
B：你说得倒容易。

神奇的滑轮

滑轮是由可绕中心轴转动有沟槽的圆盘和跨过圆盘的绳、胶带、钢索、链条等所组成的简单机械。滑轮是杠杆的变形，属于杠杆类简单机械。中心轴固定不动的滑轮叫“定滑轮”，是变形的等臂杠杆，不省力但可以改变力的方向。中心轴跟重物一起移动的滑轮叫“动滑轮”，是变形的不等臂杠杆，能省一半力，但不改变力的方向。实际中常把一定数量的动滑轮和定滑轮组合成各种形式的滑轮组，滑轮组既省力又能改变力的方向，所以常被用于建筑工地和工厂，人们用它提起重物或搬运机械。使用滑轮组时，滑轮组用几段绳吊着物体，提起物体所用的力就是物重的几分之一。

省力的斜面

斜面是可以节省移动物体所需的作用力的斜坡，是与水平面成一定角度的平面。沿着斜面把重物向上推，所需的力比垂直向上举的力小，因为重物沿着斜面走了很长的距离。斜面的角度越小，你要推的距离就越长，但就越容易推。如扶梯和有坡度的路面等也是斜面，在坡度较小的扶梯或路面上行走比较省力。

题目：竹儿身子铜嘴巴，身上窟窿有七八，憋足气儿用力吹，唱出声来呜哩哇。（打一乐器）
答案：唢呐。

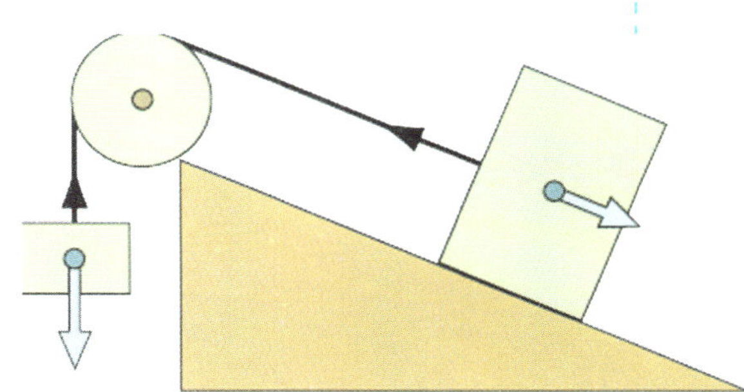

变形的斜面——螺旋

螺旋是利用斜面原理组成的简单机械。螺旋可看作一圈一圈绕轴旋转的斜坡。这是将物体固定在一起的简单而有效的工具。不过施加在螺纹上的力有一定的限制，因为太大的力会使螺纹破坏。螺旋能把物体牢牢地固定在一起，也能轻松地顶起重物。常见的螺旋机械有螺栓、台钳和汽车用的千斤顶等。

肚皮笑笑破

父亲对凡凡说：“凡凡，你应该好好学习，你知道吗，林肯在你这个年龄的时候，是班里最好的学生。”

凡凡说：“是，可林肯在你这个年龄的时候，已经是国家总统了。”

可以移动的斜面——楔

楔是一种简单机械工具，由两个斜面组成，用来将物件分开。可以把楔想象成一个可以移动的斜面，当然也可以是两个背靠背的斜面。所以楔和斜面一样，越长越薄也就越省力。使用楔时以楔作为参照物来看，是物体在斜面上运动。如当人们劈柴时，向下挥动斧头，斧头给木头一个力，同样地，木头也给斧头一个力。而正是这个力使楔两边的木头沿楔的表面也就是斜面运动。

我来考考你

1. 杠杆都有哪几类？你知道的省力杠杆都有哪些？
2. 滑轮有什么神奇的地方？

第五章 巧夺天工的建筑

从古代开始，人们就修建了各种建筑，用于居住、纪念重大事件或供奉神灵。泥土、木材和石头一直是人们常用的建筑材料。到19世纪末，钢筋混凝土开始使用，里面有粗细不等的钢筋，以增加牢固性，这是现代建筑中常用的材料。建筑是一种实用艺术，建筑风格的多样化，使建筑变得丰富而伟大，有了更多的人性色彩。建筑的意义经常取决于自身的结构，建筑师通过“结构”建筑的语汇如柱式、梁、门、窗等来赋予建筑不同的意义。

中国古建筑

我国原始社会初期，生产力发展水平极度低下的状况下，人类对于生存空间的要求，也只是能够遮风避雨，抵御猛兽侵袭。在那时，建筑仅仅是物质生活手段。随着生产力的缓慢提高及氏族文化的逐渐形成与发展，建筑开始成为社会思想观念的一种表现方式和物化形态。这样的变化，促进建筑技术和艺术向更高层次发展。由此开始，历经六七千年的发展，形成了灿烂的中国建筑历史与丰富多彩的建筑文化。下面，就让我们来瞻仰一下我们灿烂的古建筑文明吧。

题君山

（唐）雍陶

烟波不动影沉沉，
碧色全无翠色深。
疑是水仙梳洗处，
一螺青黛镜中心。

北方的穴居

在生产力水平低下的状况下，天然洞穴首先成为人类最宜居住的“家”。从早期人类的北京周口店、山顶洞穴居遗址开始，穴居是当时原始人的主要居住方式，它满足了原始人对生存的最低要求。进入氏族社会以后，随着生产力水平的提高，房屋建筑也开始出现。但是在环境适宜的地区，穴居依然是当地氏族部落主要的居住方式，只不过人工洞穴取代了天然洞穴，且形式日渐多样，更加适合人类的活动。例如在黄河流域有广阔而丰厚的黄土层，土质均匀，含有石灰质，有壁立不易倒塌的特点，便于挖作洞穴。因此原始社会晚期，竖穴上覆

盖草顶的穴居成为这一区域氏族部落广泛采用的一种居住方式。同时，在黄土沟壁上开挖横穴而成的窑洞式住宅，也在山西、甘肃、宁夏等地广泛出现，其平面多为圆形，和一般竖穴式穴居并无差别。山西还发现了低坑式窑洞遗址，即先在地面上挖出下沉式天井院，再在院壁上横向挖出窑洞，这是至今在河南等地仍被使用的一种窑洞。随着原始人营建经验的不断积累和技术提高，穴居从竖穴逐步发展到半穴居，最后又被地面建筑所代替。

穴居方式虽早已退出历史舞台，但作为一定时期内特定地理环境下的产物，对我们祖先的生存发展起到了重要作用。至今在黄土高原依然有人在使用这类生土建筑，这也说明了它对环境的极端适应。

洋话天天说

A：Wow！ What a night！
B：Yeah！ Let's get together next time.
A：哇！多么愉快的晚上。
B：是的，下次再约出来聚聚。

南方的巢居

与北方流行的穴居方式不同，南方湿热多雨的气候特点和多山密林的自然地理条件，孕育出云贵、百越等南方民族构木为巢的居住模式。他们在树上筑巢而居。将几根木头码在一起，再用几条篾条把木头箍牢，并在天面、四围铺盖上草木叶或茅草。那时原始人尚未对这种木构建造有明确的意识，只不过是随钻木取火、劈砸石器等无意识条件反射而诞生的一种社会行为，严格地讲，这算不得建筑。

巢居在适应南方气候环境特点上有显而易见的优势：远离湿地，远离虫蛇野兽侵袭，有利于通风散热，便于就地取材、就地建造等。可以说巢居是我们祖先在适应环境上的又一创造。

也正是原始社会的巢居、穴居在长期历史环境的变迁中，受社会、自然、文化等多种条件的制约与影响，才一段段将华夏建筑成一部璀璨的史诗。

思维对对碰

题目：墙壁是我好邻居，每日我都换新衣，日月从我身上过，督促人们争朝夕。(打一常用物)
答案：日历。

真正建筑的诞生

随着人类社会的发展，农耕社会到来后，人们走出洞穴，走出丛林，开始了人工营造屋室的新阶段，真正意义上的建筑逐渐诞生了。在母系氏族社会晚期的新石器时代，后期的建筑已有了分隔成几个房间的房屋。其总体布局有序，颇能反映出母系氏族社会的聚落特色。在南方较潮湿地区，巢居已演进为初期的干阑式建筑。在建筑技术方面，开始广泛地在室内地面上涂抹光洁坚硬的白灰面层，使地面收到防潮、清洁和明亮的效果。

在山西陶寺村龙山文化遗址中已出现了白灰墙面上刻画的图案，这是我国已知的最古老的居室装饰。

总之，当原始人真正走出洞穴，走出丛林，开始用自己的劳动创造生活时，也就开始了有目的的人工建造屋室的活动。人们可以按照自己及社会关系的需要建构自己的建筑与村落，同时，在满足了物质生活的基本需要后，精神需要越发成为左右建筑的重要因素。真正意义的建筑诞生了。

富丽堂皇的阿房宫

秦始皇统一全国后，集中全国人力、物力与六国技术成就，在咸阳修筑都城、宫殿、陵墓。历史上著名的阿房宫，就是在这一时期修建的。始皇嬴政吸取各国不同的建筑风格和技术经验，公元前 212 年，秦始皇开始兴建大型宫殿——朝宫。朝宫的前殿就是阿房宫（朝宫便是后来被称为阿房宫的著名宫殿。由于工程浩大，秦始皇在位时只建了一座前殿）。这次建宫计划，在渭南上林苑中，以阿房宫为中心，建造许多离宫别馆。据《史记》记载："先作前殿阿房，东西五百步，南北五十丈，上可以坐万人。"富丽奢华的阿房宫劳民伤财，没有等到竣工，秦朝就被爆发的农民革命推翻了。阿房宫留下遗址规模之大，在我国历史上是空前的。

小泽："爸爸，我长大了要当一名北极探险家。"

爸爸："好极了！"

小泽："可是我想立刻开始参加训练。"

爸爸："怎么训练？"

小泽："请每天给我买一支冰淇淋，这样我将来才能适应北极的寒冷天气。"

气魄雄伟的大明宫

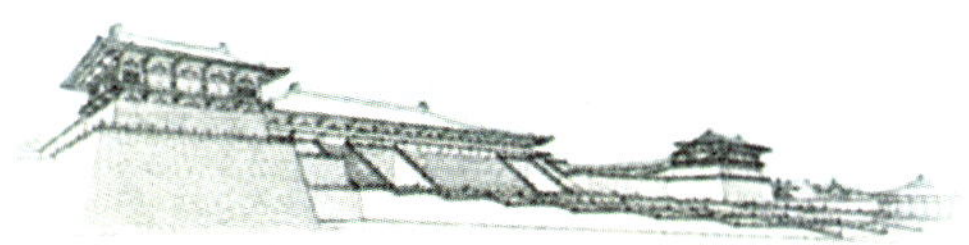

唐朝前期百余年全国统一和相对稳定的局面，为社会经济文化的繁荣昌盛提供了条件。到唐中叶开元、天宝年间达到了极盛时期，建筑技术和艺术也有巨大发展和提高。著名的唐大明宫就建于这一历史时期。

大明宫位于长安城东北龙首原高地。大明宫的规模很大，宫城平面呈不规则长方形。全宫分为宫、省两部分，省（衙署）基本在宣政门一线之南，北部为帝王生活禁区，其布局以太液池为中心而环列，依地形而灵活布置，规模相当于明清故宫紫禁城总面积的三倍多。

整个宫殿自南端丹凤门起，北达宫内太液池蓬莱山，为长 1600 余米的中轴线，轴线上排列全宫的主要建筑——含元殿、宣政殿、紫宸殿，轴线两侧采取大体对称的布局，气氛威严。唐代建筑风格的特点是气魄宏伟，严整而又开朗。现存的木建筑遗物反映了唐代建筑艺术加工和结构的统一，在建筑物上没有纯粹为了装饰而加上去的构件，也没有歪曲建筑材料性能使之屈从于装饰要求的现象。整组建筑气势雄伟，足可代表当时高度发展的建筑技术。

我国最大的建筑群——故宫紫禁城

故宫是在元大都的基础上改建和扩建而成的。明故宫的面积比现在的紫禁城大八倍多。紫禁城前部东侧是皇帝祭祀祖宗的太庙，西侧是祭祀土神、谷神的社稷坛。前面有朝臣办事的处所，后面有交易市场。紫禁城西部为皇家园林，东部是诸多为宫廷服务的衙署。

紫禁城东西宽 750 米，南北长 960 米，周长 3420 米，墙高 10 米，外层用澄浆砖包砌，里面夯土。它共有四门：正南是午门；向东的名“东华门”；向西的名“西华门”；向北的，明朝叫“玄武门”，清康熙年间因避康熙帝名字玄烨之讳，改称“神武门”，沿用至今。紫禁城周围环有 52 米宽的护城河，城四角各有一座角楼，结构精巧，造型秀丽。

紫禁城占地 72 万多平方米，共有宫殿 8 千多间，金碧辉煌。这些宫殿沿一条南北向的中轴线排列，并向两旁展开，南北取直，左右严格对称布置。这条中轴线不仅贯穿在紫禁城内，而且南达永定门，北到鼓楼、钟楼，贯穿了整个城市，气魄宏伟，规划严整，体现了帝王权力的设计思想。

紫禁城分外朝和内廷两大部分。外朝是皇帝和官员们举行各种典礼和政治活动的地方，内廷是帝、后居住的地方。

太和殿、中和殿、保和殿简称“前三殿”，是外朝的中心区域。

太和殿俗称“金銮殿”，是明清皇帝举行典礼的大殿，内外装修都十分豪华，一切构件规格均属最高级。室内外梁、枋等，全是沥粉贴金和玺彩画。靠近宝座的六根沥粉龙金柱，直抵殿顶，上下左右连成一片，金光灿灿。

中和殿明初称“华盖殿”，后称“中极殿”，清称“中和殿”，是皇帝在大朝前的休息处，三开间正方形殿，单檐攒尖顶，体量甚小。

保和殿明初称“谨身殿”，后称“建极殿”，清称“保和殿”，是殿试进士场所。

乾清宫、交泰殿和坤宁宫，简称“后三宫”。

乾清宫本是明朝皇帝的寝宫。清朝入关以后，乾清宫重修，还是做皇帝的寝宫，但用途上有了很多改变。顺治、康熙年间，皇帝在此临朝听政、召对臣工、引见庶僚、接见外国使臣以及读书学习、批阅奏章等。

雍正皇帝即位后将寝宫移至养心殿，这里就主要用于内廷典礼活动、引见官员、接见外国使臣等。

坤宁宫是明朝皇后住的正宫。清朝后，按规定也是皇后正宫，但皇后实际并不住在这里。坤宁宫的装置不同于其他大型宫殿。如正门开在偏东一间，直条窗格，殿内西部南、西、北三面是环形大炕，这是清朝重修坤宁宫时，按照满族习惯改建的。

惊世墓葬——秦骊山陵与兵马俑

秦始皇陵，史称“骊山”，在陕西临潼骊山主峰北麓原地上，是陵墓中空前绝后的宏伟作品。始皇陵是我国古今第一的高大人工夯筑的陵墓。现存陵体为方锥形夯土台，东西 345 米，南北 350 米，高 47 米，共三层。骊山陵经过两千多年风雨剥蚀，原来的体形应该更为巨大。陵体周围有夯土墙垣两重，内垣周长 3000 米，外垣 6000 米。

始皇陵陵南正对骊山主峰，山势崇峻连亘若屏障，陵北为渭水平原，极目苍茫，旷达开朗。陵自始皇即位初兴工，至公元前 210 年入葬，经营约 30 年，用人力最多时达 70 万人。据史书记载，陵的内部“以铜为椁……上画天文景宿之备，下以水银为四渎百川五丘九州，具地理之势。宫观百官、奇珍异宝，充满其中”。始皇陵在项羽入关后被发掘破坏，这段记载大约来自发掘者的传播，看来并非虚构。近经现代科学方法测定，墓内确有大量水银贮存。近年发现的兵马俑坑及铜马车，大约即是“宫观百官”的一部分。始皇陵的形制，直接影响汉代，对后世也有影响。

天坛——皇帝冬至祭天之所

古代帝王亲自参加的最重要的祭祀有三项：天地、社稷、宗庙。所谓“坛庙”，主要指的就是天坛、社稷坛、太庙，还有其他一些祭祀建筑。它们都各有自己的形制演变。明朝最隆重的祭祀是祭天。皇帝例于每年冬至祭天，皇帝登位也例须祭告天地，表示“受命于天”。祭天起源很早，《周礼·大司乐》云：“冬至日祀天于地上之圜丘”。但是采取周制祭天，其实是很久以后魏晋时的事。北京天坛建于明永乐十八年（1420 年），与故宫同时修建，位于北京城的南端。明初都南京，实行天地合祭，建大祀殿，而不是露祭，这是不合于古制的。明迁都北京，仍建合祭大祀殿。但南京大祀殿为矩形平面，北京则为圆形。天坛面积约270平方米，分为内坛和外坛两部分，主要建筑物都在内坛。南有圜丘坛、皇穹宇，北有祈年殿、皇乾殿，由一座高2米半、宽28米、长360米的甬道，把这两组建筑连接起来。

孔庙——儒学治国之明证

孔庙是祭祀建筑中占有很大比重的一类，几乎遍及全国，但规模最大、历史最久的当推孔丘故宅所在的曲阜孔庙。

中国封建社会中，儒家思想占有统治地位，儒家创始人孔丘被尊为万世师表。汉代起，就已建立孔庙于孔丘故居鲁城阙里。东汉皇帝曾亲至曲阜致祭，孔子后人封侯奉祠。唐玄宗开元年间，追封孔丘王爵，孔庙规模益加宏大。现存曲阜孔庙的规模为宋代奠定，金代重修，明清依旧制重建。

曲阜孔庙南北600米，东西仅145米。全庙由南而北，以垣墙廊庑分为八进。前三进为引导部分，布置牌坊和棂星门，植柏树。由棂星门至大中门，为孔庙前奏；大中门起始为孔庙本身，自此起有长方平面的院墙，四角置角楼，近似宫禁制度。再进，为宏伟的奎文阁，建于明弘治十七年（1504年）。奎文阁后即为孔庙主体建筑：大成门和大成殿。

奎文阁至大成门间，隔一横街，东西有门；其间有碑亭13座，皆重檐高阁，形体特别宏大，有金、元各一，余为明清所建，碑体硕大，为历代帝王所立。

大成门内为主殿大成殿，此区布局仍为北宋旧规。大成殿前庭满植古柏，中轴线前方有杏坛，重檐十字脊顶，相传为旧大成殿址，宋真宗天禧年间重建孔庙，大成殿移至今址而原地建坛。这是历史形成的特殊布局。

皇家园林

皇家园林在古籍里面称为“苑”“囿”“宫苑”“园囿”“御苑”，为中国园林的四种基本类型（自然园林、寺庙园林、皇家园林、私家园林）之一。中国自奴隶社会到封建社会这一段，连续几千年的漫长历史时期，帝王君临天下，至高无上，皇权是绝对的权威。与此相适应的，一整套突出帝王至上、皇权至尊的礼法制度也必然渗透到与皇家有关的一切政治仪典、起居规则、生活环境之中，表现为所谓皇家气派。园林作为皇家生活环境的一个重要组成部分，当然也不能例外，从而形成了有别于其他园林类型的皇家园林。皇家园林既可以包络原山真湖，如清代避暑山庄，其西北部的山是自然真山，东南的湖景是天然塞湖改造而成；也可叠砌开凿，宛若天然的山峦湖海，如宋代的艮岳、清代的清漪园（北部山景系人工堆叠而成）。总之，凡是皇家看中的地域，皆可构造为皇家园林。

皇家园林规模宏大。中国最早皇家园林殷商时期的灵囿，方圆35千米。秦汉的上林苑，方圆150余千米。隋朝的洛阳西苑，周100千米。唐朝长安宫城北面的禁苑，南北16.5千米，东西13.5千米。元代大都西御苑太液池，“广可五六里，加飞桥于海中，起瀛洲之殿，绕以石城”，明代在此基础上，扩建成南海、北海、中海。清代所建避暑山庄，其围墙周长10千米，内有564公顷的湖光山色；圆明园占地200多公顷，长春、万春二园133多公顷；最晚建成的颐和园，占地约287公顷。显而易见，皇家园林的规模是寺庙园林和私家园林所望尘莫及的。而且其规模大小，基本上与历史的向后延续成反比。皇家园林数量的多寡、规模的大小，也在一定程度上反映了一个朝代国力的兴衰。

寺庙和道观

寺庙是我国的艺术宝库，它是我国悠久历史文化的象征。寺最初并不是指佛教寺庙，从秦代以来通常将官舍称为“寺”。在汉代把接待从西方来的高僧居住的地方也称为“寺”，从此之后，“寺”便逐渐成为中国佛教建筑的专称，如白马寺、大召寺等。除此之外，还有“庵”，那是尼姑居住的寺庙。在蒙古语中称“寺”为“召”，如大召、五当召等。另外，还有的称为“布达拉宫”“普陀宗乘之庙”等。

寺庙在道教中称为“庐”“靖”，也称“静室”。在南北朝时，道教的活动场所称呼为“仙馆”。北周武帝时，道教活动场所的称呼叫“观”，取观星望气之意。到了唐朝，因皇帝认老子为祖宗，而皇帝的居所称为“宫”，所以道教建筑也称为“宫”。其他还有叫“院”“祠”的。

寺庙文化完整地保存了我国各个朝代的历史文物，在国家公布的全国文物保护单位中，寺庙及相关设施约占一半，谓之“历史文物的保险库”，乃当之无愧。它们与传统宫殿建筑形式相结合，具有鲜明民族风格和民俗特色。

同时，寺庙文化已渗透到我们生活的各个方面，如天文、地理、建筑、绘画、书法、雕刻、音乐、舞蹈、文物、民俗等，极大地丰富了各地的文化氛围。

文化瑰宝——石窟

石窟原是印度的一种佛教建筑形式。佛教提倡遁世隐修，因此僧侣们选择崇山峻岭的幽僻之地开凿石窟，以便修行之用。印度石窟的格局大抵是以一间方厅为核心，周围是一圈柱子，三面凿几间方方的修行用的小禅室，窟外为柱廊。中国的石窟起初是仿印度石窟的制度开凿的，多建在中国北方的黄河流域。从北魏（386 ~ 557）至隋（581 ~ 618）、唐（618 ~ 907），是凿窟的鼎盛时期，尤其是在唐朝时期修筑了许多大石窟，唐代以后逐渐减少。这个时期，黄河流域是中国政治、文化、经济的中心。甘肃敦煌莫高窟、天水麦积山石窟、山西大同云冈石窟和河南洛阳龙门石窟被称为“中国的四大石窟”。

佛教的象征——佛塔

佛塔，也称“宝塔”，是佛教的象征。遍布我国南北东西的上万座佛塔，是古代高层建筑的代表，其用料精良、结构巧妙、技艺高超、类型丰富。佛塔建筑起源于印度。在公元 1 世纪佛教传入我国以前，我国没有塔，也没有“塔”字。传入中国后，曾被音译为“佛图”“浮图”“浮屠”等，直到隋唐时，翻译家才创造出了“塔”字，作为统一的译名，沿用至今。

我国的佛塔按建筑材料可分为木塔、砖石塔、金属塔、琉璃塔等，两汉南北朝时以木塔为主，唐宋时砖石塔得到了发展。按类型可分为楼阁式塔、密檐塔、喇嘛塔、金刚宝座塔和墓塔等。塔一般由地宫、基座、塔身、塔刹组成，塔的平面以方形、八角形为多，也有六角形、十二角形、圆形等形状。塔有实心、空心，单塔、双塔。塔的层数一般为单数，如三、五、七、九、十一、十三层……所谓“救人一命，胜造七级浮屠”，七级浮屠指的就是七层塔。我国有五大塔林：山西五台山塔林、河南少林寺塔林、山东灵岩寺塔林、宁夏青铜峡塔林、云南飞龙山白塔林，鬼斧神工，各具特色。

风格各异的民居

由于中国疆域辽阔，民族众多，各地的地理气候条件和生活方式都不相同，因此，各地人居住的房屋的样式和风格也不相同。

在中国的民居中，最有特点的是北京四合院、西北黄土高原的窑洞、安徽的古民居和福建、广东等地的客家土楼。

北京四合院

在北京城大大小小的胡同中，坐落着许多由东、南、西、北四面房屋围合起来的院落式住宅，这就是四合院。四合院院中的北房是正房，比其他房屋的规模大，是院主人的住室。院子的两边建有东西厢房，是晚辈们居住的地方。四合院的围墙和临街的房屋一般不对外开窗，院中的环境封闭而幽静。最简单的四合院只有一个院子，比较复杂的有两三个院子，富贵人家居住的深宅大院，通常是由好几座四合院并列组成的。

黄土高原窑洞

中国黄河中上游一带，是世界闻名的黄土高原。生活在黄土高原上的人们，利用那里又深又厚、立体性能极好的黄土层，建造了一种独特的住宅——窑洞。窑洞又分为土窑、石窑、砖窑等几种。土窑是靠着山坡挖成的黄土窑洞，这种窑洞冬暖夏凉，保温隔音效果最好。石窑和砖窑是先用石块或砖砌成拱形洞，然后在上面盖上厚厚的黄土，既坚固又美观。由于建造窑洞不需要钢材、水泥，所以造价比较低。随着社会的发展，人们对窑洞的建造不断改进，黄土高原上冬暖夏凉的窑洞越来越舒适美观了。

安徽古民居

安徽省的南部，保留着许多古代的民居。这些古民宅大都用砖木作建筑材料，周围建有高大的围墙。围墙内的房屋，一般是三开间或五开间的两层小楼。比较大的住宅有两个、三个或更多个庭院；院中有水池，堂前屋后种植着花草盆景，各处的梁柱和栏板上雕刻着精美的图案。其特点可概括为七个字：白墙、黑瓦、马头墙。座座小楼，深深庭院，就像一个个艺术的世界。建筑学家们都称赞那里是“古民居建筑艺术的宝库”。

客家土楼

土楼是广东、福建等地的客家人的住宅。客家人的祖先是1900多年前从黄河中下游地区迁移到南方的汉族人。为了防范骚扰，保护家族的安全，客家人创造了这种庞大的民居——土楼。一座土楼里可以住下整个家族的几十户人家，几百口人。土楼有圆形的，也有方形的，其中，最有特色的是圆形土楼。圆楼由两三圈组成，外圈十多米高，有一二百个房间，一层是厨房和餐厅，二层是仓库，三层、四层是卧室；第二圈两层，有30到50个房间，一般是客房；中间是祖堂，能容下几百人进行公共活动。土楼里还有水井、浴室、厕所等，就像一座小城市。客家土楼的高大、奇特，受到了世界各国建筑大师的称赞。

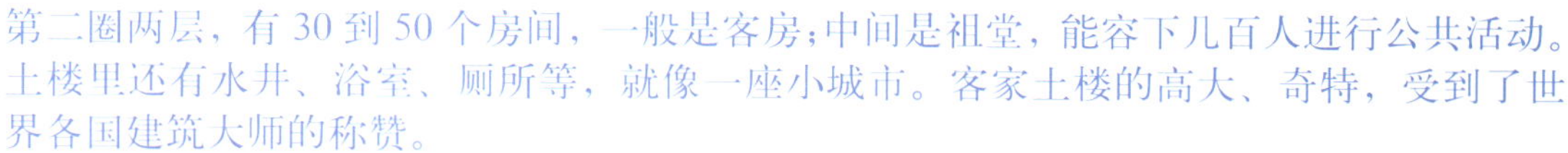

我来考考你

1. 为什么北方的古人是穴居，南方的古人是巢居？
2. 中国四大石窟是什么？

外国古建筑

不单单是中国，世界上的几个人类发源地上的先人们，他们的建筑文化也是层出不穷，在世界建筑史上，与中国的建筑文化相映成趣。埃及、希腊、美洲、印度……这些人类的发祥地，都曾经发展出了璀璨的建筑文明。现在，就让我们来瞻仰一下各国的建筑风采吧！

相见欢

（南唐）李煜

无言独上西楼，月如钩。寂寞梧桐深院锁清秋。　剪不断，理还乱，是离愁。别是一般滋味在心头。

太阳崇拜

人类早期有许多建筑与太阳有关。原始人对上和下的理解，最初可能也与太阳的起落有关。古埃及则建造了高耸的方尖碑，供太阳临时“驻足”。渐渐地，人们又把太阳的行为拟人化，想象着太阳是乘着马车或坐着小舟跨越天空和穿越地下的。埃及古老建筑金字塔的葬仪就是太阳这种由上界至下界巡游的过程的摹仿。原始民族甚至还曾想到用网捕捉太阳。秘鲁安第斯山脉有一处关隘，两旁是两座对峙的山头，上面各矗立着一座已塌毁的塔，有铁钩嵌在它们的墙上，这是美洲原始民族为在两塔之间拉起一张大网以捉住太阳而设立的。中国神话中“夸父逐日”的故事，在观念上，与这种捕捉太阳的企图不无相似之处。

祭坛的形成

由于原始人对太阳的敬畏和崇拜，于是出现了为举行献祭仪式而建造的祭坛。祭坛是迄今发现的人类最早的建造物之一。献祭活动则反映了人类最初对世界的理解。

最早的献祭活动是以人为牺牲的。早期人类对世界的理解可能分成以下几种类型：(1) 世界生于卵；(2) 世界由原人的身体，或被众神所残杀的某类拟人灵体的尸骸演化而成；(3) 世界由创世神逐一缔造或相继出生而成。例如古代巴比伦神话中，恩利尔和马尔都克殛杀女性灵体提亚玛特，分解其尸，以上半造天宇和星辰，以下半造大地与动植物。无论由卵，或由类人灵体生成的世界，都与原始人对卵或人体的神秘生育与生长的力量的了解与崇拜有所关联。

在无数次的献祭过程中，作为祭品的牺牲，包括人体的各个部分，与所为之奉献诸自然神（自然万物）之间，便逐渐建立了一种神秘的一一对应关系。而这一次次献祭仪式则成了原始人类最重要的营造活动的起源。

洋话天天说

A：Bye！ See you next time.
B：Remember to drop in sometime.
A：拜拜，下次见。
B：有空来坐坐。

古代埃及的建筑

埃及是世界上最古老的国家之一，在这里产生了人类第一批巨大的纪念性建筑物。大约在公元前三千年左右，埃及成为统一的奴隶制帝国，形成了中央集权的皇帝专制制度。皇帝的宫殿、陵墓以及庙宇因此成了主要的建筑物。

金字塔的原型

石头是埃及主要的建筑材料。早在公元前四千年，他们就会用光滑的大块花岗石板铺地面。古埃及人迷信人死之后，灵魂不灭，只要保护好尸体，三千年后就会在极乐世界里复活永生。因此他们特别重视建造陵墓。有财有势的人家的陵墓很考究。当时的陵墓建筑，除了庞大的地下墓室之外，还在地上用砖造了祭祀的厅堂，其形式可能源于当时贵族的长方形平台式砖石住宅的模仿。内有厅堂，墓室在地下，上下有阶梯或斜坡甬道相连，后来的金字塔是由此发展起来的。

多层金字塔的出现

因为原始的宗教不能满足皇帝专制制度的需要，必须制造出对皇帝本人的崇拜来。于是，到了古王国时期，随着中央集权国家的巩固和强盛，越来越刻意制造对皇帝的崇拜，用永久性的材料——石头，建造了一个又一个的陵墓，最后形成了金字塔。

第一座石头的金字塔是萨卡拉的昭赛尔金字塔，大约造于公元前三千年。它的基底东西长126米，南北长106米，高约60米。它是台阶形的，分为6层。周围有庙宇，整个建筑群占地约547米×278米。

公元前两千五百年左右，在三角洲的吉萨造了三座大金字塔，是古埃及金字塔最成熟的代表。主要由大金字塔、哈夫拉金字塔、孟卡拉金字塔及大狮身人面像组成，周围还有许多小金字塔。其中的大金字塔，形体呈立方锥形，四面正向方位。塔原高146.4米，现为137米，底边各长230.6米，占地5.3公顷，用230余万块平均约2.5吨的石块干砌而成。塔身表面原有一层磨光的石灰岩贴面，入口在北面距地17米高处，通过长甬道与上、中、下三墓室相连。法老墓室室内摆放着盛有木乃伊的石棺。这座灰白色的人工大山，以蔚蓝天空为背景，屹立在一望无际的黄色沙漠上，是千百万奴隶在极其原始的条件下的劳动与智慧结晶。

太阳神庙

到了新生王国时期，太阳神庙代替陵墓成为皇帝崇拜的纪念性建筑物，占了最重要的地位。神庙遍及全国，其中规模最大的是卡纳克的阿蒙神庙。

卡纳克的阿蒙神庙是在很长时间内陆续建造起来的，总长336米，宽110米。前后一共造了六道大门，而以第一道为最高大，它高43.5米，宽113米。主神殿是一柱子林立的柱厅，宽103米，进深52米，面积达5000平方米，内有16列共134根高大的石柱。中间两排十二根柱高21米，直径3.6米，支撑着当中的平屋顶，两旁柱子较矮，高13米，直径2.7米。殿内石柱如林，仅以中部与两旁屋面高差形成的高侧窗采光，光线阴暗，形成了法老所需要的“王权神化”的神秘压抑的气氛。在卡纳克神庙的周围有孔斯神庙和其他小神庙，宗教仪式从卡纳克神庙开始，到鲁克索神庙结束。二者之间有一条一千米长的石板大道，两侧密排着圣羊像，路面夹杂着一些包着金箔或银箔的石板，闪闪发光。

这些巨大的形象震撼人心，精神在物质的重量下感到压抑，而这些压抑之感正是崇拜的起始点，这也就是卡纳克阿蒙神庙艺术构思的基点。

题目：四四方方一座城，城中小孩一百名，开城一次少一个，带来温暖与光明。（打一日常用品）
答案：火柴。

亚述文明的遗迹——萨艮王宫

两河上游的亚述王国统一了西亚，征服了埃及之后，它的建筑大量汲取两河下游和埃及的经验，兴建都城，建设规模大于以前西亚任何一个国家，它的最重要的建筑遗迹是萨艮王宫。

王宫平面为方形，每边长约2千米。城墙厚约50米，高约20米，上有可供四马战车奔驰的大坡道，还有碉堡和各种防御性门楼。

宫殿与观象台同建在高118米、边长300米的方形土台上。从地面通过宽阔的坡道和台阶可达宫门，宫殿由30多个内院组成，功能分区明确，有房间200余间。平台的下面砌有拱券沟渠。王宫正面的一对塔楼突出了中央的券形入口。宫墙满贴彩色琉璃面砖，上部有雉堞，下部有高3米余的石板贴面。其上雕刻着从正、侧面看起来均形象完整、雕有五条腿的人首翼牛像。人首翼牛像是萨艮王宫宫殿裙墙转角处的一种建筑装饰。它们的正面表现为圆雕，侧面为浮雕。正面有两条腿，侧面四条，转角一条在两面共用，一共五条腿。因为它们巧妙地符合观赏条件，所以并不显得荒诞。它们的构思，不受雕刻体裁的束缚，把圆雕和浮雕结合起来，很有创新精神。人首翼牛像是亚述常用的装饰题材，象征健壮。

帕赛玻里斯宫

波斯人曾创立横跨亚非欧的伟大帝国，他们信奉拜火教，露天设祭，没有庙宇。按部落特有观念，皇帝的权威不是由宗教建立的，而是由他所拥有的财富建立的，波斯皇帝的掠夺和聚敛不择手段，他们的宫殿极其豪华壮丽，却没有宗教气氛。

帕赛玻里斯宫是其中最著名的一座。它是公元前 518 ~ 前 460 年，波斯王大流士和泽尔士所造的宫殿。建筑群倚山建于一高 15 米，面积 460 米 ×275 米的大平台上。入口处是一壮观的石砌大台阶，宽 6.7 米，邻近两侧刻有朝贡行列的浮雕，前有门楼。中央为接待厅和百柱厅，东南面为宫殿和内宫，周围是绿化和凉亭等，布局整齐但无轴线关系。伊朗高原盛产硬质彩色石灰岩，再加上气候干燥炎热，所以建筑多为石梁柱结构，外有敞廊。

古希腊建筑瑰宝——雅典卫城

公元前 5 世纪中叶，希腊人在雅典进行了大规模的建设。建设的重点在卫城，在这种情况下，雅典卫城达到了古希腊圣地建筑群、庙宇、柱式和雕刻的最高水平。卫城建在一个陡峭的山岗上，仅西面有一通道盘旋而上。建筑物分布在山顶上一约 280 米 ×130 米的天然平台上。卫城的中心是雅典城的保护神雅典娜的铜像，主要建筑是膜拜雅典娜的帕提农神庙，建筑群布局自由，高低错落，主次分明。无论是身处其间或是从城下仰望，都可看到较完整的丰富的建筑艺术形象。帕提农神庙位于卫城最高点，体量最大，造型庄重，其他建筑则处于陪衬地位。卫城南坡是平民的群众活动中心，有露天剧场和敞廊。卫城在西方建筑史中被誉为建筑群体组合艺术中的一个极为成功的实例，特别是在巧妙地利用地形方面更为杰出。雅典卫城中还有伊瑞克提翁神庙（以著名的女像柱廊闻名于世）和胜利神庙。

古罗马的建筑

古希腊晚期的建筑成就由古罗马直接继承，古罗马劳动者把它向前大大推进，达到了世界奴隶制时代建筑的最高峰。公元 1 ~ 3 世纪是古罗马建筑最繁荣的时期。重大的建筑活动遍及帝国各地，最重要的集中在罗马本城。古罗马在建筑方面有很大的成就，在空间创造方面，重视空间的层次、形体与组合，并使之达到宏伟的富于纪念性的效果；在建筑材料上，除了砖、木、石外，还有运用地方特产火山灰制成的天然混凝土。公元前 7 世纪末，古希腊

石造的大型庙宇的典型形制是围廊式，柱子、额枋和檐部的艺术处理基本上决定了庙宇的面貌。到了公元前6世纪，它们已经相当稳定，有了成套的做法，这套做法被罗马人称为“柱式”。罗马人在古希腊的基础上，把柱式发展为五种：多立克柱式、塔司干柱式、爱奥尼克柱式、科林斯柱式和组合柱式，并创造了券柱式。

恺撒广场

罗马的城市里，一般都有中心广场。罗马本城的广场群是最壮观的，它们的演变，鲜明地表现出建筑形制同政治斗争的密切关系。

早期的广场是零乱地建造起来的，没有统一的规划。恺撒大帝得权之后，造了一个封闭的、按完整规划建造的广场。它的后半部是围廊式维纳斯庙，广场成了庙宇的前院。维纳斯是恺撒家族的保护神，因此，广场隐然是恺撒个人的纪念碑。广场中间立着恺撒的骑马青铜像。恺撒广场头一个定下了封闭的、轴线对称的、以一个庙宇为主体的广场的新形制。

大角斗场

罗马城里的长圆形的大角斗场是古罗马建筑的代表作之一。大角斗场长轴188米，短轴156米，中央的表演区长轴86米，短轴54米。观众席大约有60排座位，逐排升起，分为五区。前面一区是荣誉席，最后两区是下层群众的席位，中间是骑士等地位比较高的公民坐的。为了架起这一圈观众席，运用了混凝土的筒形拱与交叉拱，底层有七圈灰华石的墩子，平行排列，每圈30个。底层平面上，结构面积只占六分之一，在当时是很大的成就。

这座建筑物的结构、功能和形式三者和谐统一，成就很高。它的形制完善，在体育建筑中一直沿用至今，并没有原则上的变化。它证明了古罗马建筑所达到的高度。

美洲古代建筑

古代美洲如同古埃及、西亚、印度、中国与爱琴海沿岸一样，是古代文化的发源地。公元二千多年前，在中美洲由许多不同语言的土著部落建立起来的农业国。其中较为突出的有玛雅人、托尔特克人和阿兹台克人，在南美的主要有印加人。

古代美洲大致可分为三个时期：文化

老师叫起平时爱搞小动作的刚刚，问：“刚刚，你的理想是什么？”

刚刚答：“当个建筑师。”

老师问：“为什么要选择搞建筑呢？”

刚刚指着教室说：“假如我当上建筑师，我要把教室变成圆形的。”

“为什么？”老师不解地问。

“以后您再让我墙角罚站，那是不可能的。”

形成时期，这一时期有玛雅人建于今洪都拉斯的用土堆成的圆锥形与方锥形金字塔，现已发现约200余幢，其中有高达30余米者；古典时代，突出的建筑成就有特奥地瓦坎城和玛雅人的提尔卡城；后古典时代，典型的建筑成就有托尔特克人的首府图拉城和在尤卡坦半岛上的奇钦·伊查城。此外，阿兹台克人在今墨西哥城的建筑曾异常辉煌，后在西班牙人入侵时全部被毁，最近在墨西哥城宪法广场附近发掘出来的阿兹台克帝国的大庙，是高36米的金字塔，地基面积达6万平方米。

›› 欧洲的教堂建筑

宗教是欧洲人生活中的一个重要部分，因此教堂遍布城乡各地，成为城市的重要组成部分。欧洲的教堂大致分为三种建筑风格：11世纪的罗马风格、12世纪的哥特风格和17～18世纪的巴洛克风格。罗马风格的教堂突出特征为圆形拱顶，表现了当时人们对宇宙的认识——宇宙是圆形的。哥特风格特征为瘦高型，外表有许多像竹笋一样瘦长型的装饰物，象征着摆脱了束缚，奔向天国，拱顶也随之有了橄榄型的小尖。巴洛克风格的建筑特点是不注重外表，但内部华丽，有的用了大理石砖和大理石柱，配有彩画和雕塑。室内一改老式教堂的黑暗、凝重和神秘，采用浅色涂料，加上彩色装饰，让人感到轻松，似有一种清香味。

圣索菲亚大教堂

圣索菲亚大教堂，位于土耳其伊斯坦布尔，建于东罗马皇帝统治时期（公元532～537年）。圣索菲亚教堂恢宏无比，充分体现出了卓越的建筑艺术。圣索菲亚大教堂的特别之处在于平面采用了希腊式十字架的造型，在空间上，则创造了巨型的圆顶，大圆顶离地3～5米高，而且在室内没有用到柱子来支撑。工程师们发明出以拱门、扶壁、小圆顶等设计来支撑和分担穹隆重量的建筑方式，在窗间壁上安置了又高又圆的圆顶，让人感觉一种肃穆恢弘。圣索菲亚大教堂内部的装饰，除了各种华丽精致的雕刻之外，也包括运用有色大理石镶成的马赛克拼图。由于地震和叛乱的烧毁，圣索菲亚大教堂经历过数次重修，竟将圣索菲亚大教堂装饰得更为精巧华美。在17世纪圣彼得大教堂完成前，它一直是世界上最大的教堂。

圣彼得大教堂

圣彼得大教堂是欧洲天主教徒的朝圣地与梵蒂冈罗马教皇的教廷，位于意大利首都罗马西北的梵蒂冈，是全世界的第一大教堂。教堂最初于公元326～333年开始修建。16世纪，教皇朱利奥二世决定重建圣彼得教堂。在长达120年的重建过程中，意大利最优秀的建筑师布拉曼特、米开朗琪罗、德拉·波尔塔和卡洛·马泰尔相继主持过设计和施工，直到1626年11月18日才正式宣告落成。圣彼得大教堂整个建筑呈现出一个十字架的结构，造型是非常传统而神圣的。圣彼得教堂不仅是一座富丽堂皇值得参观的建筑圣殿，它所拥有多达百件的艺术瑰宝，更被视为无价的资产。站在米开朗琪罗设计的穹隆顶下抬头上望，你会感到大堂内的一切都显得如此渺小。穹顶周长71米，为罗马全城的最高点。当你进入圣彼得大教堂内部的时候，第一眼看上去实在无法领略其宏伟的规模——这座教堂足可容纳6万人。

巴黎圣母院

巴黎圣母院是法国天主教大教堂，位于巴黎塞纳河中城岛的东端。该教堂以其哥特式的建筑风格，祭坛、回廊、门窗等处的雕刻和绘画艺术，以及堂内所藏的13～17世纪的大量艺术珍品而闻名于世。它是欧洲建筑史上一个划时代的标志。圣母院风格独特，结构严谨，看上去十分雄伟庄严。教堂中央供奉着圣母、圣婴，两边立着天使的塑像。教堂内部极为朴素，几乎没有什么装饰。大厅可容纳9000人，其中1500人可坐在讲台上。厅内的大管风琴也很有名，共有6000根音管，音色浑厚响亮，特别适合奏圣歌和悲壮的乐曲。

曾经有许多重大的典礼在这里举行，例如宣读1945年第二次世界大战胜利的赞美诗，又如1970年法国总统戴高乐将军的葬礼等。巴黎圣母院在世界建筑史上，被誉为“石头的交响乐”。虽然这是一幢宗教建筑，但它闪烁着法国人民的智慧，反映了人们对美好生活的追求与向往。

清真寺

伊斯兰教建筑群体的形制之一，是穆斯林举行礼拜、举办宗教教育等活动的中心场所。早期清真寺的建筑简朴无华，如麦地那先知寺主要由围墙圈成院落供礼拜，房顶供唤拜，再设一简单讲台供宣教即可。其后随着穆斯林建筑艺术的发展，结构严整、雄伟壮丽和带有装饰艺术的建筑群相继出现。

清真寺的主体建筑是礼拜大殿，方向朝向麦加克尔白。大殿正面墙中有凹壁（米哈拉布），左前方有阶梯形讲坛（敏白尔）。较大的清真寺还有宣礼塔。塔顶呈尖形，故称“尖塔”。一般清真寺有1～4个尖塔，土耳其伊斯坦布尔的素丹艾哈迈德清真寺有6塔，麦加圣寺有7塔。还有沐浴用的水房。在伍麦叶王朝哈里发瓦利德时期（公元705～715年）出现了穹隆建筑，多数是由分行排列的方柱或圆柱支撑的一系列拱门，拱门又支撑着圆顶、拱顶。建筑物外表敷以不同颜色或其他装潢。

坚固的堡垒——城堡

在公元9世纪以前，欧洲从未出现过真正的城堡。但由于要反抗维京人的入侵，加上分散的封建政治势力的形成，从公元9世纪到15世纪，数以千计的城堡就遍布了欧洲。在1905年，以法国这一个国家的统计数字为例，即显示境内有超过一万座城堡。

在封建社会时期，地方上的贵族提供了法律秩序和保护，使居民不受诸如维京人等劫掠者所侵扰。贵族建造城堡的目的，是为了防护并提供一个由军事武力所控制的安全基地。事实上，一般认为城堡的功能是用来防卫，乃一种与事实不符的看法，因为城堡最初的建造目的是用作进攻的工具。它的功能是作为专业士兵尤其是骑士的基地，并控制四周的乡间地区。城堡含有要塞（小城堡）、城墙、箭塔、城垛、壕沟、护城河、吊桥、闸门、外堡等建筑部件。

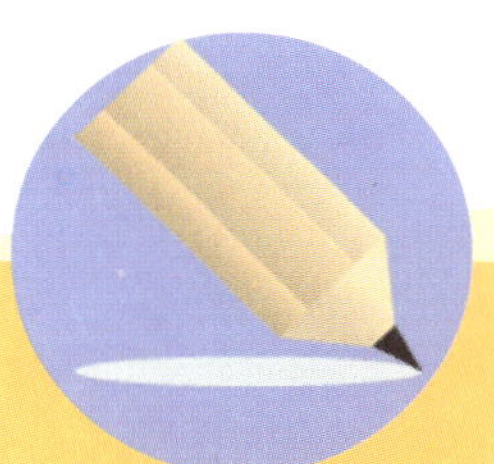

我来考考你

1. 大金字塔和狮身人面像是下面哪个国家的建筑？（　　）
   A. 古希腊　　B. 古中国　　C. 古埃及　　D. 古印度
2. 世界上著名的教堂有哪些？

用途多样的现代建筑

随着社会的进步和发展，建筑业越来越向着多元化和现代化的方向发展。与天比高的高楼大厦、蜿蜒的地底隧道、争奇斗艳的标志建筑、纵横交错的立体交叉……都充斥着现代化生活的气息。下面就让我们来了解一下这些新时代的建筑吧！

相互比高的大楼

高楼即高层建筑，按传统来说，一般9层以上、带电梯的楼宇即可以被称为“高楼”。但在现代社会，由于高层建筑数量越来越多，

蝶恋花

（北宋）柳永

伫倚危楼风细细，望极春愁，黯黯生天际。草色烟光残照里，无言谁会凭阑意。　拟把疏狂图一醉，对酒当歌，强乐还无味。衣带渐宽终不悔，为伊消得人憔悴。

高度也越来越高，对高楼又增加了新的定义，一般 18 层以上被称为“高层建筑”，100 米或 30 层以上可以被称为“超高层建筑”或“摩天大楼”。

高楼大厦是由钢筋、混凝土等建成的大型建筑物。在人口众多而土地有限的都市内，为了有效地运用空间，高楼大厦正一幢幢地兴建起来。

世界上著名的高层建筑有：台北 101 大厦，高 508 米；上海环球金融中心，高 492 米；马来西亚吉隆坡的国家石油公司双塔大楼，高 452 米；南京紫峰大厦，高 450 米；美国芝加哥的威利斯大厦，高 443 米。阿拉伯联合酋长国城市迪拜 2010 年启用的摩天大厦——迪拜塔高度为 828 米，是目前世界第一高楼。

蜿蜒地底的隧道

隧道是修筑在地下的通道，供车辆、行人、管线等通过。隧道是伴随着铁路建设而出现的，因为它的作用是减少公路及铁路绕行的路线。

隧道的种类很多，按用途分，有铁路隧道、公铁两用隧道、地铁隧道等；按断面形状分，有圆形隧道、拱形隧道、卵形隧道、矩形隧道等；按位置分，有傍山隧道、越岭隧道、水底隧道和地下隧道等；按衬砌结构分，有之墙式衬砌隧洞、曲墙式衬砌隧道、曲边墙加仰拱衬砌隧道等；按隧道内铁路线路数分，有单线隧道、双线隧道和多线隧道等。

隧道结构由以下几部分组成：洞身，隧道结构的主体部分，是列车通行的通道；衬砌，承受地层压力，阻止坑道周围地层变形的永久性支撑物，它由拱圈、边墙、托梁和仰拱组成；洞门，位于隧道出入口处，用来保护洞口土体和边坡稳定，排除仰坡流下的水，它由端墙、翼墙及端墙背部的排水系统所组成；附属建筑物，有为工作人员、行人及运料小车避让列车而修建的避人洞和避车洞，为防止和排除隧道漏水或结冰而设置的排水沟和盲沟，为机车排出有害气体的通风设备，电气化铁道的接触网、电缆槽等。

世界上有名的大隧道有瑞士圣哥达隧道、辛普伦隧道，美国喀斯喀特隧道，日本大清水隧道、青函海底隧道等。

ABC 洋话天天说

A：I don't know how to get to the station.
B：Let me tell you the way.
A：我不知道怎么去车站。
B：让我告诉你。

争奇斗艳的标志建筑

标志性建筑，也称“地标建筑”。标志性建筑的基本特征就是人们可以用最简单的形态和最少的笔画来唤起对于它的记忆，就像埃及金字塔、澳大利亚悉尼歌剧院、法国巴黎埃菲尔铁塔、中国北京天坛祈年殿等世界上著名的标志性建筑一样。

标志性建筑是一个城市的名片。标志性建筑与普通建筑的不同之处在于：标志建筑是整个城市中所有建筑的主角。标志性建筑除了外形具有创新性外，在功能上应该具有超前性和包容性。标志性建筑不仅要体现地理区域优势，建筑本身还应该是出类拔萃、独树一帜的。在市场运作方面，标志性建筑应该是文化活动、经济活动的一个平台；从功能方面来说，标志性建筑要引导一种新的活力，要有一定的社会影响力，要能在完善城市功能方面起到一定的推动作用。在当前城市发展的水平下，标志性建筑（群）代表的不仅是建筑本身，更是一种生活方式，一种新思潮的体验。一个区域或者一个城市的生活方式之所以被称为标志，也绝不仅仅是因为建筑本身，更是环境、文化、教育氛围等各方面共同创造了一个地域的经典。

现代的高速公路

人类建造道路的历史至少有几十个世纪了，没有人能够真正说出世界上第一条道路是在何时或在何处建成的。远古时代，人们经常沿着动物的足迹或是最省力的路径即别人走过的路来行走，结果被经常踩踏的地方就成为小径，日复一日，年复一年，小径逐渐发展，成为了道路。

20世纪初，汽车获得了飞跃发展，人们开始大量修建沥青和混凝土铺装的公路。第二次世界大战前，德国就建设了高速公路，从此各国都有相应发展，高速公路已经成为现代化公路的标志。

在现代城市，人口密集度与交通量成正比，高速公路的出现为人们长途、大量、迅速地运输和避免交通事故提供了条件，更为城市道路的规划平添了一抹色彩。

高速公路是具有四个或四个以上车道，设有中央分隔带，全部立体交叉并具有完善的交通安全设施和管理服务设施，全部控制出入，专供汽车分道分向行驶的现代化公路。在公路设计上，它除了考虑所连通的地点，还要考虑公路经过地区的地质情况，尽可能避免大的高低落差。高速公路行车速度快，运输效率高。它的发展加速了物资的流通，缩短了人们的旅途时间，使沿线的城市、工业中心、交通枢纽和开放港口的联系更加便捷。

题目：两根旗杆六个斗，中间有路无人走。（打一字）
答案：非。

立交桥

立交桥，又称“立体交叉”。立交桥目前正广泛应用于高速公路和城市道路中的交通繁忙地段，许多大中城市的交通要道和高速公路上兴建了一大批立交桥，消除了道路上交叉车流的冲突，使交叉道路车辆畅通无阻，极大地便利了交通。立交桥的种类很多，各种类型的立交桥又有其各自的通行方法。

单纯式立交桥是立交桥中最简单的一种。这种立交桥主要用于高架道路与一般道路的立体交叉，铁路与一般道路的立体交叉。其通行方法极其简单，不同的交通工具在各自道路上行驶。

玲玲很喜欢睡觉，一次睡到太阳照到她的脸。她叫：“把灯关掉！把灯关掉！”

妈妈告诉她：“不是灯，是太阳。”

玲玲翻个身不耐烦地叫：“哦，那把太阳关掉！”

简易式立交桥主要是设置在城内交通要道上。主要形式有十字型立体交叉、Y 型立体交叉和 T 型立体交叉。通行方法为干线上的主交通流走上跨道或下穿道，左右转弯的车辆仍在平面交叉改变运动方向。

互通式立交桥主要有以下三大类：三枝交叉互通式立交桥（包括喇叭型互通式立交桥和定向型互通式立交桥）、四枝交叉互通式立交桥（包括菱型互通式立交桥、不完全的苜蓿叶型互通式立交桥、完全的苜蓿叶型互通式立交桥和定向型互通式立交桥）和多枝交叉的互通式立交桥。

形式多样的桥梁

桥梁指的是为道路跨越天然或人工障碍物而修建的建筑物。桥梁一般由上部结构、下部结构、支座和附属构造物组成。上部指主要承重结构和桥面系；下部结构包括桥台、桥墩和基础；附属构造物则指桥头搭板、锥形护坡、护岸、导流工程等。

桥梁分为三大类：梁桥、拱桥和吊桥。

梁桥一般建在跨度很大、水域较浅处，由桥柱和桥板组成，物体重量从桥板传向桥柱。

拱桥一般建在跨度较小的水域之上，桥身成拱形，一般都有几个桥洞，起到泄洪的功能。

吊桥是如今最实用的一种桥，桥可以建在跨度大、水深的地方，由桥柱、铁索与桥面组成。早期的简易吊桥已能经受住风吹雨打，现在的各种吊桥基本上可以在暴风来临时岿然不动。

四通八达的铁路

同学们坐过火车吗？你们一定对火车那长蛇一样的车身和车轨印象深刻吧？火车的车身一般由十几节车厢连接而成，运输能力是汽车不能相比的。铁路轨道简称“路轨”“铁轨”“轨道”等。火车轨道通常由两条平衡的路轨组成，路轨固定放在轨枕上。轨枕也称“枕木”或“路枕”，功能是把路轨的重量分开散布，并保持路轨固定，维持路轨的轨距。以钢铁制成的路轨，可以比其他物料承受更大的重量，这也是用火车来运载重物比公路运输效率高的主要原因。一般而言，轨道的底部为石砾铺成的路碴，路碴也称道碴、碎石或道床，是为轨道提供弹性及排水功能。铁轨也可以铺在混凝土筑成的基座上，甚至嵌在混凝土里。

为了适应社会和经济发展的需要，适应货主和旅客安全、准确、快速、方便、舒适的要求，各国铁路纷纷进行大规模的现代化技术改造，同时改革运输组织工作，积极采用高新技术，在重载、高速运输和信息技术方面取得了新的突破。加之现代管理和优质服务以及铁路的区域联网、洲际联网，使铁路增添了新的活力。铁路干线四通八达，在陆上运输中仍继续发挥着骨干作用，在现代化运输方式中占有重要的地位。

我来考考你

1. 世界上的高楼都有哪些？
2. 世界上著名的标志性建筑都有哪些？

第六章 方便的交通工具

自18世纪末期蒸汽发动机发明以来，交通工具的不断进步已经使得世界变得越来越小。这些运载工具变得越来越快，费用更低廉并且效率更高，它们使海陆旅行时间大大地缩短，并在空中和水中开辟了新的航行领域。今天，像高速列车和飞机这样的运载工具，已使人们在过去要花数天或数星期旅行的路程只需几个小时就可以完成。这些层出不穷的交通工具为我们出行提供了极大的便利。现在，就让我们来看看这些既方便又快捷的交通工具吧。

风靡世界的两轮车

两轮车主要包括自行车和摩托车两类。自行车是靠人力运转的交通工具，它不但车身轻巧，使用方便，既容易骑，又容易修，而且不会排放废气污染环境，所以是一种理想的短距离个人交通工具。摩托车造型优美，方便迅捷，耗能小，也是一种理想的交通工具。下面，就让我们来看看这两类风靡世界的两轮车到底都有哪些故事吧！

自行车的故事

你会骑自行车吗？自行车是人力脚踏驱动的两轮车，又称脚踏车、单车。

最早的自行车是1791年一个叫希拉克的法国人制作的“滚动木马”，自行车的历史就是从那时开始的。1816年，德国的德赖斯又发明了木制的、双脚蹬地行驶的双轮自行车。1840年，苏格兰的铁匠柯克帕特里克·麦克米兰做出第一辆踏板动力自行车。1861年，在巴黎，皮埃尔·麦克豪克斯制作了一辆用踏板转动前轮的自行车，这是第一辆流行自行车。

以上那些自行车和现代自行车在外形上的明显区别就是前轮大、后轮小，看起来不够协调。1886年，英国的斯塔利从机械学、运动学的角度设计出了前后轮大小相同的自行车样式，还为自行车装上了前叉和车闸，并用钢管制成了菱形车架，而且首次使用了橡胶的车轮。他所设计的自行车车型与今天自行车的样子基本一致了。斯塔利的改进为自行车的推广应用开辟了宽阔的前景，因此他被后人称为“自行车之父”。

经过几百年的演变和改进，自行车的结构和功能越来越成熟。在现有的交通工具中，虽然自行车的速度相对汽车来说比较慢，但自行车车体较小，能够在大街小巷自由行驶，所以普及面很广，受到许多国家人们的推崇。人们骑着自行车不耽误旅行，还能欣赏沿途的风景。

江南春

（唐）杜牧

千里莺啼绿映红，水村山郭酒旗风。
南朝四百八十寺，多少楼台烟雨中。

山地自行车

1977 年，美国西岸的旧金山有一群喜欢骑沙滩自行车在山坡上玩乐的年轻人，他们突然想到：“要是能骑着自行车从山上飞驰而下，一定非常有趣。”于是引发了人们对越野自行车的设计制造。自行车虽然始于欧洲，但美国人发明的山地车却改变了传统自行车的概念，给世界人民提供了一种新的选择。

山地车可以轻松地在丘陵、原野和砂土碎石道上行驶，人们不仅把它用于越野，还用来竞赛。山地车性能优良，有人曾经骑山地自行车到达非洲吉里曼加罗山顶，也有人骑这种自行车横越撒哈拉大沙漠，更有人骑着它在中国长城上飞驰。

折叠自行车

英国发明家克莱夫·辛克莱爵士发明了一种折叠自行车，它是当时全球最小最轻的折叠自行车。这辆自行车的重量只有 5.5 千克，却可以承受最高 112 千克的重量。而且它折叠和展开都比较方便，可以自由地调节到适当的高度，折叠和打开它只需大约 20 秒。

折叠自行车折叠后可以放入包中，便于携带，是短途旅行的好帮手。虽然展开后，这种自行车的车轮只有普通自行车的四分之一大，但是人骑在上面照样很稳当，而且不需要花费更多的力气。别看它小，速度还不慢呢！它的时速可以达到每小时 24 千米。折叠自行车发明后，尤其受到一些青少年的喜爱。

洋话天天说

A：I need you to finish this tonight.
B：I can't promise.
A：我要求你今天晚上完成。
B：我不敢保证。

电动自行车

电动自行车是指以蓄电池作为辅助能源，能实现人力骑行、电动或电助动功能的特种自行车。电动自行车是通过改进脚踏车而出现的。电动自行车由五大部件组成：电机、控制器、电池、充电器和车架。由于电动自行车延续了脚踏车没有污染的优点，而且速度更快，更适合爬坡路线的行驶，价格也不算贵，所以得到越来越多人们的喜爱。

摩托车的故事

1884 年，英国人爱德华·布特勒在自行车上加装一个动力装置，制成了一辆采用煤油发动机驱动的三轮车。这种车虽然有三个轮子，但已经有了现代摩托车的一点影子。

时隔不久，1885 年春天，德国人戈特利布·戴姆勒和他的助手迈巴赫经过多年研究试验，终于制造出一台以汽油为燃料的内燃发动机。两人把这台发动机安装在以橡木为车架的单车上，世界上第一辆真正的摩托车诞生了。该车采用皮带传动加一级齿轮变速，最快时速每小时 11.2 千米。戴姆勒也因此被世界公认为是摩托车的发明者。鉴于戴姆勒的这一不可替代的历史地位，在他去世后，德国工程师协会尤登堡分会在堪的休塔特广场上为他建立了纪念碑。因为他就是在这个广场驾驶他的第一辆摩托车的。

思维对对碰

题目：腹中空空棒，有火不吭气，若是一拉绳，开花不费劲。（猜一武器）

答案：手榴弹。

道路摩托车

主要使用在铺装路面上的摩托车叫“道路摩托车”。道路摩托车可分为超级运动摩托车、旅行摩托车和美式摩托车三类。由于这种摩托车主要在平整的铺装路面上，所以又名“市区摩托车”。这种摩托车在铺装路面上能达到最佳性能，相反，在无路地带行驶时将会出现许多困难。

超级运动摩托车重视摩托车的行驶性能。乘用这种摩托车，追求的是乘坐时的青春动感，骑手可以充分感受到发动机、轮胎和路面变动时的快感和乐趣。旅行摩托车主要应用于长途行驶，以长途行驶中的舒适性为重。旅行摩托车为了保持方向的稳定性和行驶的舒适性，有意地把方向把设计得比较轻便，轻便的方向把使人在长途驾驶中不容易疲劳，而且一旦发生紧急事态也很容易改换方向，避免危险事故。

爸爸妈妈给小儿子买了辆小自行车，看着他得意地绕着房子转，骑得很高兴。

绕第一圈时，他喊：“妈妈，瞧，我不用手也能骑。”

绕第二圈时，他又喊：“妈妈，看，我不用脚。”

绕第三圈时，他向妈妈报告的是：“妈妈，看，我的牙齿没啦。”

在美国，有些摩托车爱好者不满足于现有的摩托车，他们根据自己的需要，把现有的摩托车分解开来，经过一番改造组装成新的摩托车，这就是改造摩托车，也叫“美式摩托车”。这种摩托车给人一种豪放的动力感，具有较高的消闲趣味性。许多人喜欢美式摩托车，因为乘坐时常使人豪情满怀。美式摩托车车座较低，脚踏板较高，乘坐时十分舒适。

竞赛摩托车

竞赛摩托车简称“赛车”。为了比较各种车辆的运动性就产生了赛车，赛车是运动摩托车中的极品，是一种追求胜利愿望的工具。摩托赛车和汽车赛车不同，汽车赛车和普通汽车结构差异较大，摩托赛车和普通摩托车结构十分相似，在赛车上成功的技术很容易移植到普通摩托车上。

越野摩托车

越野摩托车运动是一个挑战自己及自然的运动，从它的设计上就可以看出它充满了野性，从机械的角度上看它是科技的结晶。灵巧的身躯可以爆发出如此强大的动力，让喜爱它的人们在兴奋之余留有一份畏惧。坐在动感十足、流线型的越野摩托车上风驰电掣，体验飞的感觉，更是许多人的梦想。

我来考考你

1. 自行车都有哪些种类？摩托车都有哪些种类？
2. 折叠自行车是谁发明的？

方便快捷的四轮车

诗词贝贝乐

论诗

（清）赵翼

李杜诗篇万口传，至今已觉不新鲜。
江山代有才人出，各领风骚数百年。

四个轮子的汽车是我们最常用的交通工具。现代汽车通常有四个或四个以上的橡胶轮胎，主要在公路上行驶，用来运载人或货物。汽车的产生与发展经历了一百多年的历史，不同时期的汽车有着不同的结构特点，并且汽车的种类和用途也是日新月异。下面，就让我们来了解一下汽车的故事吧！

汽车的故事

汽车的雏形是用蒸汽机驱动的三轮牵引车，它的功能很奇特，一开始是用来牵引大炮的。这种三轮牵引车每过 10 分钟就得停下来等待加足蒸汽才能继续前进。但它毕竟是第一辆由自身动力来行驶的交通工具。

世界公认的汽车发明者是德国人卡尔·本茨。他在 1885 年研制出世界上第一辆马车式三轮汽车，并于 1886 年 1 月 29 日获得世界第一项汽车发明专利，这一天被大多数人称为“现代汽车诞生日”，本茨也被后人誉为“汽车之父”。本茨将毕生的精力都献给了汽车事业。

内燃机问世后，1886 年，发明摩托车的德国人戴姆勒在一辆四轮马车上安装了自己研制的汽车发动机，人类历史上第一辆内燃机驱动的四轮汽车诞生了。随后，1887 年，卡尔·本茨把他制造的第一辆汽车卖给了法国人埃米尔·罗杰斯，这是世界上第一辆现代汽车的销售。同年，卡尔·本茨成立了世界上第一家汽车制造公司——奔驰汽车公司。1890 年，戴姆勒也成立了汽车制造公司。这些都标志着汽车时代的真正开始。

早期的汽车控制复杂、速度慢，并且由手工制作，这使它们非常昂贵。1908 年，在美国，随着 T 型福特汽车的生产，汽车开始对普通人敞开了大门。这种小汽车在流水线上进行生产，使得它们的制造成本和价格都很低廉，从此，汽车逐渐普及起来。

舒适的小轿车

多数轿车用汽油发动机、两轮驱动、全金属车身。根据车身型式可分为：普通轿车、敞篷轿车、运动轿车、旅行车、硬顶普通轿车、华贵轿车等。普通轿车常见的型式是闭式车身，固定车顶，两门或四门，座位是双排座位，乘坐四到六人。敞篷轿车的车顶可以打开，两门或四门，座位是单排或双排，可乘坐二到六人。华贵轿车四门或六门，六到九个座位，轴距和车身都较长，自重较大，后排座前装有折叠座椅，座位舒适，装饰华丽，附加设施齐全。另外，根据主要尺寸和发动机排量，轿车可分为小型、紧凑型、中型和大型四种。轿车产量大，投资多，能推动原材料、工艺、制造设备和试验研究技术的发展。

A：Do you want more?
B：No，I'm satisfied.
A：你还要点儿吗？
B：不，已经够了。

威风的跑车

跑车是人们用来游玩、享受高速驾车乐趣的特殊轿车。许多人钟爱跑车的原因就是它拥有将浪漫与动感完美结合的外表和超出一般车辆的行驶速度。

跑车的车身一般为双门式，即只有左右两个车门，双座或 2 + 2 座（两个后座特别狭窄），顶盖为可折叠的软质顶篷或硬顶。跑车的共同特点是动力强劲、外观新潮、造型优美。目前市场上的跑车主要有 3 类：一种是价格昂贵、速度性能极佳的高档跑车，如法拉利、保时捷等；二是中高档的跑车，这类车重视速度的同时并不忽视舒适性，以奔驰 SEL、宝马 Z 系列等为代表；三是相对中低档的跑车，如标致 206ccAT，现代 Coupe 2.0 等。

跑车与一般轿车的最大区别是发动机、外观和行车的舒适性。跑车都是用大马力、高转速的发动机，这是为了让车表现出速度快、提速快、再次加速性能好等优点。一般轿车从经济性考虑出发，选择马力适中、排量小、耗油量小的发动机。跑车的外观呈流线型，车身低矮。一般轿车则要求车内空间大，乘坐的人员多，所以车身都比跑车高。跑车的目的就是跑得快，所以它在追求速度的同时也把和速度无关的东西减少了，比如音响系统、空调系统等，所以论起舒适性，跑车要比一般轿车差很多。

穿山越林的越野车

越野车是专门为在野外行驶而设计制造的特殊车辆，能够应对沼泽、戈壁等特殊复杂地形的挑战。越野车有强力的引擎，四轮驱动，轮胎有粗深的沟纹，可以抓紧地面。越野车给人的第一感觉就是稳重，宽厚的轮胎、实用的灯饰、结实的备胎架等都体现了它朴实无华的特点。

越野车比普通的车辆拥有更完备的安全措施：较高的驾驶位置保证了视野的开阔；车体结构坚固，设置在车内的钢梁能够保护乘员在碰撞时免受人身伤害；轻型的座椅使乘员坐上更稳固；还有全面的防火装备更是增加了安全感。比较著名的越野车型有美国的“克莱斯勒切诺基”、日本的“丰田陆地巡洋舰”等。

题目：你说稀奇不稀奇？汽车长着长胳膊，抓起东西往上举，千斤万斤不费力。（打一种工程车辆）
答案：起重机。

展现激情的赛车

世界一级方程式锦标赛（简称“F1”）是当代最具吸引力的汽车赛事。这种以比赛速度为目的的比赛成为各大汽车厂商展示总体实力的重要手段。参加F1比赛的赛车在车身长度、宽度、重量等方面都有严格规定。同时为了适应高速度行驶，F1赛车的设计和制造采用了许多高新技术。它的底盘材料是航空设备专用的碳化纤维，强度高，重量轻；方向盘与转向轮的转角比为1∶1，以保证转向灵敏；车后部有定风仪，增加了向下的压力，使高速行驶的赛车紧贴地面，以防翻车；极宽的赛车轮胎产生更大的地面附着力，能够避免赛车打滑。

货车和客车

货车又叫“载货汽车”“载重汽车”“卡车”，主要用来运送各种货物或牵引全挂车。货车按载重量可分为微型、轻型、中型、重型四种。

客车是在设计和技术特性上用于载运乘客及其随身行李的商用车辆，包括驾驶员座位在内座位数超过9座。根据车辆的长度，可将客车分为微型、轻型、中型、大型、特大型五种。客车有单层的和双层的，也可牵引一个挂车。在城市和城市、城市和乡村之间穿越的长途客车，车厢内非常舒适。有的甚至还安装了简易的厨房设备，使乘客不用下车就能享受到热的食物。现代双层豪华客车内有舒适的斜躺座椅、洗手间、咖啡贩卖机和电视。这些设施会使人们的旅行非常舒适和愉快。

消防车

消防车是装备各种消防器材、消防器具的各类消防车辆的总称，是目前消防部队与火灾作斗争的主要工具，是最基本的移动式消防装备。大型消防车都配备有一部伸缩式云梯以便能够从起火的大楼窗口里营救遇险人员。所有消防车上都备有长长的水龙带，用来喷水灭火，有时也从云梯顶端喷水。

世界第一辆消防车是1518年受德国奥格斯堡市的委托，由制作金属工艺品的手艺人安特尼·布拉特纳制造的。据记载，这辆消防车是把用杠杆操作的大型水泵装在车子上制成的。

肚皮笑笑破

轿车司机开车经过一个山村时向一位村民打听：“请问，此地哪里可以找到汽车配件？”

村民：“往前走，过了那个急转弯处有个峡谷，那下边多得是。”

救护车

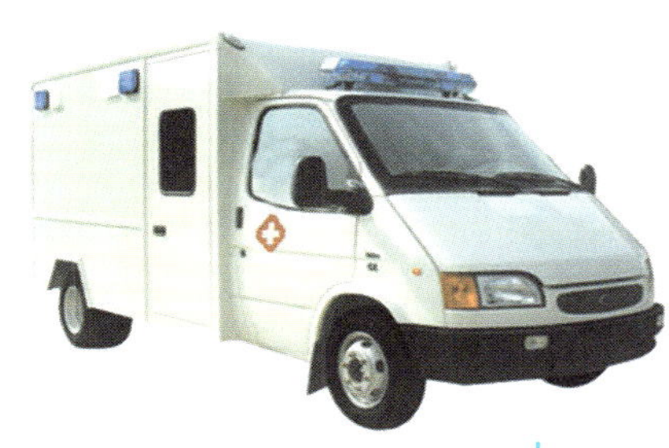

顾名思义，救护车就是救助病人的车子。直到 20 世纪 60 年代后期，救护车的主要任务还仅仅是将人们从事故现场尽快运送到医院，车内空间十分狭窄，只有一些非常基本的急救设备。从那以后，救护车发生了巨大的变化。

现代救护车的内部比较宽敞，使救护人员有足够的空间在去往医院的途中对患者进行救护处理。现代救护车内还携带了大量的绷带和外敷用品，可以帮助止血和清洗伤口。车上还带着夹板和支架用来固定病人折断的肢体，并避免病人颈部和脊椎的伤害加重。车上也备有氧气、便携式呼吸机和心脏起搏除颤器等。大多数救护车上还带有病人监护仪，可以在前往急诊室的路上监测患者的脉搏和呼吸。这些检测数据可以通过无线电发送到医院。

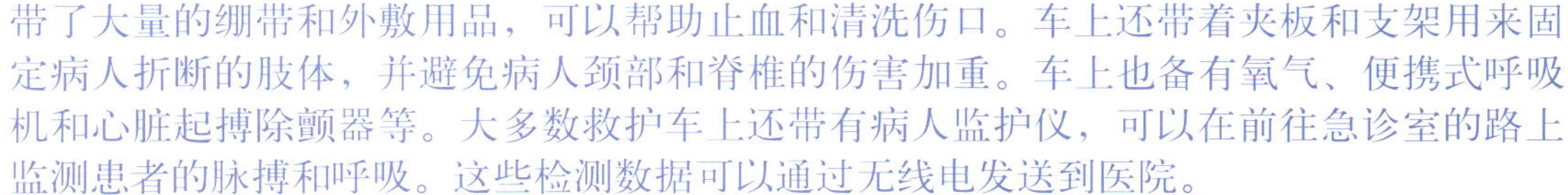

许多现代救护车上的工作人员都是专业急救人员，特别是那些负责大型体育盛事、高速公路繁忙路段等高风险场合的工作人员，他们能够进行高水平的急救处理。他们在现场和途中的专业救护经常能够挽救伤者的生命。他们受过诊断患者伤势的训练，所以他们可以提前用无线电传送数据，并建议医院让哪些医护人员和技师做好准备，并备好相应的手术用具。

救护车司机受过专业培训，可以在繁忙的路段、夜里和坏天气里快速安全地驾驶。能快速驾驶，并且能在拐弯处和凹凸不平的路上驾驶平稳，这是对救护车司机驾驶技术的要求。

工程车

工程车是用于工程建设的施工车辆的总称，广泛用于建筑、水利、电力、道路、矿山、港口和国防等工程领域，种类繁多。

蒸汽机发明之后，欧洲就出现了蒸汽机驱动的挖掘机、压路机、起重机等工程车辆。此后由于内燃机和电机的发明，工程机械得到较快的发展。第二次世界大战后发展更为迅速。

按用途分，工程车辆主要有挖掘机、铲土运输机、起重机、压路机等。挖掘机是以开挖土石方为主的工程车，广泛用于市政工程的土石方施工中。挖掘机械的种类繁多，主要分为单斗挖掘机和多斗挖掘机两种。其中单斗挖掘机比较普遍。铲土运输机主要用于施工土方的生产和运输，如推土机、铲运机、装载机、平地机、运输车、平板车和自卸汽车等。起重机是用来举起沉重建筑材料的专用车辆，如塔式起重机、自行式起重机、桅杆起重机、抓斗起重机等。压路机是用来平整路面的专用车辆，如轮胎压路机、光面轮压路机、单足式压路机、振动压路机等。

不烧汽油的电动汽车

电动汽车是指以车载电源为动力行驶的车。从外形上看，电动汽车与日常见到的汽车并没有什么区别。它们的区别主要在于使用的“燃料”。与传统的汽车不同，电动汽车不在发动机内燃烧汽油，它使用的“燃料”是存储在电池中的电。

电动汽车的主要优点就是节省能源、无污染。由于电力可以从多种一次能源获得，如煤、核能、水力等，这能解除人们对石油资源日见枯竭的担心。有些研究表明，同样的原油经过粗炼，送至电厂发电，经电源充入电池，再由电池驱动汽车，其能量利用效率比经过精炼变为汽油，再经汽油机驱动汽车高，因此有利于节约能源和减少二氧化碳的排量。电动汽车还可以充分利用晚间用电低谷时的富余电力充电，使发电设备日夜都能充分利用，大大提高其经济效益。而且它本身不排放污染大气的有害气体，即使按所耗电量换算为发电厂的排放量，除硫和微粒外，其他污染物也显著减少。

电动汽车的价格虽然比内燃机汽车高，但是电动汽车的维修保养费用低，随着使用年限的延长，它的使用费用支出会逐渐降低，甚至会低于内燃机汽车使用的成本。

正是这些优点，使电动汽车的研究和应用成为当今汽车工业的一个热点。

我来考考你

1. 最早的汽车有几个轮子？
2. 自行车之父和汽车之父分别是（　　）。
   A. 斯塔利和本茨　B. 斯塔利和戴姆勒　C. 本茨和戴姆勒

车中的老大哥——火车

早期的火车是以蒸汽机车为牵引动力的，而现代火车机车以柴油和电作为动力。铁路运输具有运输能力大、连续性强、能源消耗低、运行时间长和便于调试指挥的优点。下面，就让我们来了解一下这位“车中的老大哥”吧！

火车的故事

早在17、18世纪时，欧洲矿区就出现了在木制或铁制轨道上行驶的马拉货车，他们能够比普通马车运送更多的货物。到了19世纪初，蒸汽机的发明导致工业大发展，人们需要运载量更大和速度更快的车辆。一些人开始试验用蒸汽

机代替马来拉车。在1804年，英国工程师德里维斯克制出了第一辆在铁轨上行驶的蒸汽机车，行驶状况良好。然而由于机车和所拉的货物过重，造成铁轨断裂，德里维斯克的机车没有被人们接受。后来，矿工家庭出身的乔治·斯蒂芬森在1810年也开始制造蒸汽机车。1817年，斯蒂芬森决定修建从利物浦到曼彻斯特的铁路线，完全用蒸汽机车承担运输任务。但是，保守的铁路拥有者却对蒸汽机车的能力表示怀疑，他们提出，在铁路边上固定牵引机，用拖缆来牵引火车。斯蒂芬森为了让人们充分相信火车的性能，制造出了性能良好的“火箭号”机车。这种机车的卓越表现终于让怀疑者改变了态度，利物浦至曼彻斯特铁路因此成为世界上第一条完全靠蒸汽机运输的铁路线。

山坡羊·潼关怀古

（元）张养浩

峰峦如聚，波涛如怒，山河表里潼关路。望西都，意踌躇。 伤心秦汉经行处，宫阙万间都做了土。兴，百姓苦；亡，百姓苦！

燃烧柴油的内燃机车

内燃机车是以柴油机作为动力的火车头。与蒸汽机车相比，内燃机车具有许多优点，例如：它可以节约大量优质煤炭；它的热效率比蒸汽机车高3倍左右，运行准备时间短，启动加速快，可提高线路通过能力25%以上。

1924年，苏联制成一台电力传动内燃机车。同年，德国用柴油机和空气压缩机配接，利用柴油机排气余热加热压缩空气代替蒸汽，将蒸汽机车改装成为空气传动内燃机车。20世纪30年代，内燃机车处于试用阶段。直到第二次世界大战以后，因柴油机的性能和制造技术迅速发展，内燃机车的功率也大幅度提高，内燃机车的发展步伐终于加快了。从20世纪50年代开始，内燃机车数量开始急骤增长。随着电子技术的发展，联邦德国在1971年试制出1840千瓦的交－直－交流电力传动内燃机车，从而为内燃机车和电力机车的技术发展提供了新的途径。内燃机车随后的发展，在提高机车的可靠性、耐久性和经济性，以及防止污染、降低噪声等方面不断取得新的进展。

现代的电力机车

内燃机车虽然比蒸汽机车优越，但因受机车结构限制，不可能制造比5000马力功率更大、速度比每小时150千米更快的机车，同时它排放的气体对环境仍然有较强的污染。而且使用柴油作燃料，资源也受限制。电力机车的出现，克服了以上的问题。电力机车本身不带原动机，它是从“接触网”上获取电能作为能源，由牵引电动机驱动机车的车轮进行工作。

“接触网”供给电力机车的电流有直流和交流两种。

洋话
天天说

A：So how was your trip to Shanghai？

B：It was great in short.

A：你的上海之旅怎么样？

B：总而言之非常棒。

由于电流制不同，所用的电力机车也不一样，基本上可以分为直－直流电力机车、交－直流电力机车、交－直－交流电力机车三类。

电力机车具有功率大、热效率高、速度快、过载能力强和运行可靠等主要优点，而且不污染环境，特别适用于运输繁忙的铁路干线和隧道多、坡度大的山区铁路。

快捷舒适的高速列车

高速列车是指最高行车速度每小时达到或超过200公里的铁路列车，也就是现在所说的“高铁”。进入21世纪以后，人类的铁路交通进入“高铁”时代。世界上最早的高速列车为日本的新干线列车，1964年10月开通，最高时速达443千米。此后，许多国家相继修建高速铁路，列车运行速度也一再提高。到目前为止，开通高速列车的国家有日、法、德、意、英、俄、瑞典、中国等国。

目前的高速列车是在现有的柴油机车、电力机车和铁路的基础上，对动力系统、行走系统、车厢外形和路轨系统等加以改进，并没有改变传统火车和铁路和基本面貌。高速列车的优点在于速度高，燃料省，安全可靠，服务优良。因此，高速列车从一开始就显示出了巨大的优越性。

神奇的磁悬浮列车

目前世界上最快的火车，毫无疑问是磁悬浮列车。磁悬浮列车是世界各国研制最早的新型列车之一，它借助于磁力来悬浮、导引与驱动车辆。磁悬浮列车不同于普通列车的主要特征是它不使用车轮，而依靠电磁作用力把车辆悬浮在轨道上方，运行时与轨道保持1～10厘米的间隙，除了空气摩擦之外，没有轮轨接触所带来的阻力。它的动力直接产生于列车和轨道之间，在高速行驶时就像一架超低空飞行的飞机，时速可达到500千米以上。

思维对对碰

题目：老高骑自行车骑了10千米，但周围的景物始终没有变化。为什么？

答案：因为他骑的是室内健身车。

磁悬浮列车运行平稳舒适、可靠性大、成本低廉，其能源消耗仅是汽车的一半、飞机的四分之一；而且噪音很小，当磁悬浮列车时速达300千米以上时，噪声只有65分贝，仅相当于一个人大声地说话，比汽车驶过的

声音还小。由于它以电为动力，在轨道沿线不会排放废气，无污染，真是一种名副其实的绿色交通工具。

一个商店销货员在某铁路上来回多年，正在抱怨火车常常晚点时，火车却准时到达了，他惊喜万分，立刻走到车务管理员那里说：“我要敬你一支雪茄祝贺你，因为我在这条路上来回了十五年，这是我第一次准时地坐上火车！”车务管理员说：“请收回雪茄吧！这是昨天的火车！”

穿行地下的地铁

1843 年，英国人皮尔逊为伦敦市设计了世界上最早的城市地铁系统。十年后，英国议会批准在法林顿和主教路之间修一条长不足 6 千米的地铁。经过近十年的建设，地铁初具规模。1863 年 1 月，大都会地区铁路正式开始营业。随后，世界上第一条电气化地铁即伦敦地铁于 1890 年投入使用。从此，地铁开始在全世界各大城市推广使用。

地铁有不受地面交通状况和自然条件的影响、速度快、客运量大等优点，是许多现代大城市解决交通问题的重要途径。世界上很多大城市的地下都已构筑起一个上下数层、四通八达的地铁网，有的还在地下设立商业设施和娱乐场所，与地铁一起形成了一个地下城。还有很多国家的地铁与地面铁路、高架道路等联合构成高速道路网，以解决城市紧张的交通运输问题。地铁已成为城市交通现代化的重要标志之一。世界十大地铁系统分别在莫斯科、东京、纽约、墨西哥城、巴黎、大阪、圣彼得堡、伦敦、首尔和香港等地。

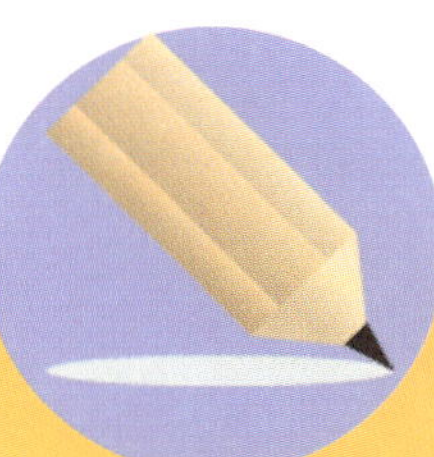

我来考考你

1. 最早的火车是用什么作为动力的？
2. 最快的火车是什么火车？

水上交通工具——船

在现代，船的种类很多，主要分为民用船和军用船两大类。这里我们主要介绍民用船，民用船有客轮、货轮、油轮等。下面，就让我们进入船的世界，领略一下这些征服江河湖海的水上交通工具的风采吧！

船的故事

别云间

（明）夏完淳

三年羁旅客，今日又南冠。
无限山河泪，谁言天地宽？
已知泉路近，欲别故乡难。
毅魄归来日，灵旗空际看。

远古的时候，人们大多只在陆地上活动，当他们看到掉进水中的树木能在水中漂浮，就想到可以借助木头到水上活动。于是人们把大树砍倒，将树干中间掏空，把它放在水中，人坐在里面，用手或树枝划水，这就是最早的独木舟。以后人们又逐步学会了制造简单平稳、装载面积较大的筏，如木筏、竹筏、皮筏等。后来又出现了木板船。随着人们长期航行的实践，又创造了利用风力行驶的帆船。人们发现用竹、木制造的船不够坚固，容易腐烂，于是开始用钢板造船。

船越造越大，装的货越来越多，人们发现只用风力不行，就把蒸汽机和内燃机装到了船上，靠机器的力量推动船航行。1802 年，英国人薛明敦采用瓦特改进的双重作用凝缩引擎，在苏格兰建成了“夏洛地 · 邓达斯”号船。这是一艘用蒸汽机带动蹼轮、可以不依靠自然风或人力航行的机动船。当时有一位名叫富尔顿的美国科学家来到英国进行科学考察，看到夏洛地 · 邓达斯号后，就回到美国建造了“克莱蒙特”号，并于当年 8 月 17 日起，定期航行于纽约至奥尔巴尼之间。两地的距离约为 240 千米，“克莱蒙特”号航行 32 小时就可以到达。因此，一般人们认为“克莱蒙特”号是世界上第一艘机动船。

一根独木的独木舟

独木舟是仅由一根木头制造的水上交通工具。一根浑圆的树干，中间挖个洞，头尾削尖，就是一艘最原始的独木舟了。一般独木舟宽约 1 米，长约 20 米，每船可载 5 人左右，主要是靠人力击桨，适用于水流较为平稳的河段。

有时还能看到这样的情景，为了运送马匹过河，将两个大小相当的独木舟并联在一起，一匹马的四只蹄子按左右各两蹄分别踩在两只独木舟上，马匹一旦踏上独木舟，就可以非常平稳地站着。现在，我国的一些少数民族还在用这种原始的独木舟捕鱼、捉虾、采摘菱角。

逆风行驶的帆船

帆船是使用风帆并以风为动力的船舶，是继舟、筏之后的又一种古老的水上交通工具，已有 5000 多年的历史。帆船的船体结构材质古时用木质，现代也有使用其他轻质材料的。帆船使用的帆具主要是帆、挂帆的桅杆和操帆用的绳索。进入 20 世纪，内燃机广泛应用于船上，出现了机帆船。

帆船分稳向板帆艇和龙骨帆艇两类。稳向板帆艇轻快灵活，可在浅水中行驶，奥运会项目中的飞行荷兰人型、荷兰人型、470 型、星型、托纳多型等均属此类，是世界最普及的帆船。龙骨帆艇也称稳向舵艇，体大不灵活，但稳定性好，帆力强，可在深水中行驶。

ABC 洋话天天说

A：Nice to meet you.
B：Welcome. Please come in.
A：见到你很高兴。
B：欢迎你到来，请进。

浮空行驶的气垫船

气垫船利用高压空气，在船底与水面之间形成气垫，这个气垫是由发动机从船体上方或四周吸进空气，然后由船体下方喷出而形成的，它能使船体适当浮升从而高速航行，航速可达每小时 370 千米。气垫船结构材质要求强度高、质量轻，多使用铝合金、玻璃钢或高强度钢制造，采用航空发动机、高速柴油机等作为动力装置。

气垫船多为客船，也用作渡船或交通船。按气垫船提升高度可分为全垫升式和部分垫升式。全垫升式气垫船又称“全浮式气垫船”。在船底四周有柔性围裙，由于是全垫升，故其速度高且适应性好，能在水面航行，也可在平坦地面和沼泽中行驶。部分垫升式气垫船，是在船体两舷设刚性侧壁，而在首尾设柔性气封装置以维持气垫，可垫升大部分船体，只能航行于水面。

豪华时尚的游艇

题目：世界各地在眼前，五湖四海不通船。猜猜这是什么？
答案：地图。

游艇被称为“水上轻骑”，以豪华、漂亮、快速、舒适等特色赢得了人们的青睐。游艇在外观上造型流畅、线条大方，内部装潢豪华讲究、设备精巧。游艇分为张帆行驶的游艇和机动游艇两种，其中以张帆游艇较为常见。最小的游艇叫“小游艇”，大多数只有一两个船员。

最大的远洋游艇可以有 20 多名船员。

在一些国家，游艇是富人的时尚，因为游艇可以用于水上高速运动、环岛探险、海上冲浪、观赏海鱼、游泳、滑水、家庭聚会、环球航行等水上运动和娱乐休闲活动。

方便舒适的客船

客船是载运旅客和行李的船。客船要为旅客提供舒适的居住条件，因此，旅客居住舱室应有良好的采光、隔声、避震、空气调节、卫生等设备，还有旅客所需的宽敞的甲板和文娱、休闲场所，有较高的舒适性。同时，对救生、防火、抗沉等安全要求相当严格。

客船主要分为五种类型：

肚皮笑笑破

“船长，我觉得您这几天好像心情不好，出了什么事？”

“你还不知道，这次电视大奖赛我得了头奖。”

“是吗？那您应该高兴才是啊！”

“咳！有什么好高兴的？评委会决定二、三等奖发奖金；头等奖乘坐我们这条船作‘十日游’！”

海洋客船

海洋客船包括远洋和沿海客船。远洋客船原多兼运邮件，所以又称“邮船”。

旅游船

供游览用的旅游船，服务设施与娱乐设施十分发达，现代旅游船已向豪华型发展。

汽车客船和滚装客货船

汽车客船用于运输旅客及其自备汽车。滚装客货船是在集装箱运输和汽车客船大型化的基础上发展的高效、新型客货船，多用于沿海中程定期航线。

小型高速客船

小型高速客船包括水翼船和气垫船，具有速度快、适航性好的特点，多用于短途运输。

内河客船

内河客船航行于江、河、湖等内陆水域上，载客量大且停靠频繁。客船通常航线固定、航班定期。由于航空运输的发展，海上客船已转向沿海和近海短程运输，并多从事旅游业务，而内陆水域的客船仍是许多国家的一种重要的客运工具。

运载货物的货船

货船是一种专门用来载运货物的船舶。其大部分舱位都是用于堆贮货物的货舱。不同类型的货船，运输的货物也不相同，主要有以下几种：

干散货船

干散货船又称“散装货船”，专用于运送煤炭、矿砂、谷物、化肥、水泥、钢铁等散装物资。目前其数量仅次于油船。其特点为：驾驶室和机舱布置在尾部，货舱口宽大；内底板与舷侧以向上倾斜的边板连接，便于货物向货舱中央集中，甲板下两舷与舱口处有倾斜的顶边舱以限制货物移动；有较多的压载水舱用于压载航行。按载运的货物不同，又可分为矿砂船、运煤船、散粮船、散装水泥船、运木船等。

液货船

液货船专门载运液体货物的船舶。液体货物主要有油、液化气、淡水和化学药液等。其中运量最大的是石油及其制品。按载运的货物不同，又可分为原油船、成品油船、液体化学品船、液化气船等。

杂货船

杂货船又称“普通货船”“通用干货船”或“统货船”，主要用于装载一般包装、袋装、箱装和桶装的件杂货物。由于件杂货物的批量较小，杂货船的吨位亦较散货船和油船为小。典型的载货量为1万～2万吨，一般为双层甲板，配备完善的起货设备。货舱和甲板分层较多，便于分隔货物。新型的杂货船一般为多用途型，既能运载普通件杂货，也能运载散货、大件货、冷藏货和集装箱。

集装箱船

集装箱船又称“箱装船”“货柜船”或“货箱船”，是一种专门载运集装箱的船舶。其全部或大部分船舱用来装载集装箱，往往在甲板或舱盖上也可堆放集装箱。集装箱船的货舱口宽而长，货舱的尺寸按载箱的要求规格化，装卸效率高，大大缩短了停港时间。为获得更好的经济性，其航速一般高于其他载货船舶，最高可达30节以上。

冷藏船

冷藏船是专门载运如水果、蔬菜、肉类和鱼类等需冷藏的货物的船舶。往往设多层甲板，货舱内通常分隔成若干独立的封闭空间。船上具有大功率的制冷装置，可以在比较恶劣的环境中使各冷藏货舱内保持货物所需的适当的温度。

载驳船

载驳船是专门载运货驳的船舶，又称“母子船”。其运输方式与集装箱运输方式相仿，因为货驳亦可视为能够浮于水面的集装箱。其运输过程是：将货物先装载于统一规格的方形货驳（子船）上，再将货驳装上载驳船（母船）上，载驳船将货驳运抵目的港后，将货驳卸至水面，再由拖船分送各自目的地。载驳船的特点是不需码头和堆场，装卸效率高，便于海－河联运。但由于造价高，货驳的集散组织复杂，其发展也受到了限制。

滚装船

利用车辆上下装卸货物的多用途船舶。滚装船将装有集装箱等大件货物的挂车和装有货物的带轮的托盘作为货运单位，由牵引车或叉车直接进出货舱进行装卸。滚装船通常在船尾设有货门和跳板，车辆可通过跳板、货门和各层甲板间的活动的斜坡道或升降平台，直接驶入各层甲板。因此滚装船不需要船上或码头上传统的起货设备而获得很高的装卸效率。

四平八稳的双体船

双体船是把两个船体横向以甲板固定在一起的船。两个单船体用强力构架连接在一起，都装备有主机和推进器，并在航行时同时使用。双体船的特点是稳定性好，因为这个优势，现代双体船于20世纪中叶后发展较快，并在客船、渡船、交通船及工程船方面得到了应用。

人类最早使用双体船是由于发现将两艘船横向连接在一起，可以从内河到海上航行而不容易翻船，早期曾将这种方法用在帆船上，建造了双体帆船，这种帆船在海上可以承受较大的风浪。在此基础上，人们又发现双体船与同样吨位的单体船相比，具有更大的甲板面积和舱容，装载量更大，因此而被用于货船。20世纪60年代后，随着海上高速客运的迅速发展，高速双体船由于有宽大的甲板面积、空间和便于豪华装饰而被普遍看好，成为近几十年来高性能船中发展最快、应用最广、建造数量最多的一种。

海上的巨无霸——超级油轮

油轮是用来运输油料的船，主要运输原油和原油的提炼成品，如动力油、燃料油等。油轮的载重一般超过15万吨，吨位超过20万吨的油轮被称为“超大型油轮”，超过30万吨的油轮被称为“超级巨型油轮”。一般超过25万吨的油轮都被称为“超级油轮”。

为了便于装运不同种类的油料，油轮上分隔出许多油舱。油轮很容易与其他轮船区别开来，油轮的甲板非常平，除驾驶舱外几乎没有其他耸立在甲板上的东西。油轮不需要甲板上的吊车来装卸它的货物，只有在油轮的中部有一个小吊车，这个吊车的用途在于将码头上的管道吊到油轮上来与油轮上的管道系统接到一起。油轮上的管道系统从远处就可以看到。

今天的油轮与几乎所有其他海轮一样配有货物计算机，这部计算机可以监视货物的装卸以及计算装卸过程中油轮的状态。

大多数的油轮都使用蒸汽机作为动力装置，原因是原油必须加热后才有足够的流动性可以被输入油轮，在整个运输过程中它们始终被保持在加热的状态下，这样可以在目的地快速地卸货。

原油的运输速度不重要，因此这些船的航速一般在28千米/小时左右，属于比较慢的船。

我来考考你

1. 你知道的船的种类都有哪些？
2. 最大的民用船是（　　）。
   A. 破冰船　　B. 货船　　C. 超级油轮

破阵子

（南宋）辛弃疾

醉里挑灯看剑，梦回吹角连营。八百里分麾下炙，五十弦翻塞外声。沙场秋点兵。　马作的卢飞快，弓如霹雳弦惊。了却君王天下事，赢得生前身后名，可怜白发生！

空中飞翔的铁鸟——飞机

飞机的发明，是人类想象力、创造力和科学探索行为完美结合的产物。乘飞机，人们几乎可以到达地球上任何地方，地理环境的阻隔不再成为人类活动的障碍。海洋、高山和沙漠都无法阻止人类的脚步，不同的文明在人类频繁的飞行中得以发生更多的接触。下面，就让我们来看看它们的神奇之处吧！

人类向往飞翔的故事

18 世纪 80 年代初，法国的蒙戈尔费埃兄弟开始利用热空气的性质做一些实验。开始时，他们在热气球下面的吊篮里装上几只动物以测试飞行对生物的影响，结果这些动物都安然无恙地返回了地面。1783 年 6 月，蒙戈尔费埃兄弟向世人展现了他们的工作成果。他们生起火向用布和纸做成的大气球里灌满了热空气，然后放开了它。气球直奔蓝天，升到了 6000 英尺的高空，当气球内的空气冷却后，它降落在一英里外的地方。但是这个从天而降的“怪物”吓坏了当地的两个农民，他们把这个热气球给撕破了。几个月后，德罗齐埃和阿尔朗侯爵乘坐蒙戈尔费埃兄弟的气球飘过巴黎上空，成为世界上最早的飞行员。

飞船是从气球发展而来的，气球的诞生直接为飞船的问世奠定了基础。第一艘载人飞船是法国亨利·吉发德于 1851 年试制成功的，它的外形好像一只雪茄。1852 年 9 月 24 日，吉发德驾驶着这艘飞船，在巴黎郊外伊伯多罗母，以每小时 10 千米的速度在微风中飞行了 27 千米，创造了世界上第一艘飞船的飞行纪录。

洋话天天说

A：Should I buy this watch？

B：No，it's not worth it.

A：我买这块表好吗？

B：别买，不值。

1903 年，人类历史上第一架有动力装置的飞机制造成功了。12 月 17 日上午，飞机在美国北卡罗来纳州的基蒂霍克飞上了蓝天。它的发明者就是美国的威尔伯·莱特和奥维尔·莱特兄弟。从此，人类的航空事业揭开了崭新的一页。

旅客机

旅客机是专门用于运送旅客的飞机，也称“民航机”。旅客机按航程远近分为远程、中程和近程三类，分别用于国际、国内干线和国内支线。

全世界在用的民航机有15000多架，其中使用量最大的客机有：波音737、波音727，MD-80系列、波音747等。

农业机

农业机是用于执行喷药、播种、施肥等田间作业的飞机，早期多用退役的小型飞机改装，近年来有专门研制的农业飞机。著名的农业机有苏联的安-2、安-3，美国的“农用马车”(Ag Wagon)、“农业猫”(Ag Cat)、“空中拖拉机”(Air Tractor)，澳大利亚的“空中卡车”(Airtruck)和波兰的M-18“单峰骆驼”(Dromader)等。农业机有良好的稳定性和低空操纵性，便于飞越树林、电线等障碍物，能在简易场地起降，有效载荷大，装卸方便。

森林消防飞机

思维对对碰

题目：什么字半个月才能写完？
答案：胖。

森林消防飞机是专门用于扑灭森林火灾的飞机。二战后，美国把大量战时使用的水上飞机改为森林消防飞机，有的至今还在使用。加拿大是一个多森林国家，木材加工工业在国民经济中举足轻重。20世纪60年代初，加拿大航空工业公司研制了专门用于森林灭火的两栖飞机CL-215，能往返飞行于附近水面和火场之间，在飞行中把水箱吸满，运往火场上空洒水灭火。基于CL-215研制的CL-415设备更为先进。CL-415在掠过水面时，只需12秒钟就可吸满6000多升的水箱，飞行速度可达376千米/小时，一次升空，就可在1小时内向火灾现场投水20次以上。

航测机

航测机是能执行航空勘测任务的飞机，一般由低速性能好的运输机或其他飞机改装而成。航测机爬升性能好、转弯半径小、操纵灵活，有着优越的低空和超低空飞行性能。飞机上还装有导航和无线电定位装置，能保证飞机在指定区域做精确扫描飞行。

相比在地面直接勘测，采用航测机进行勘测具有一系列优点，能克服种种不利地形条件和气象条件的限制。如在高寒地区、陡峭山区、原始森林和沼泽湖泊等人员难以到达的地区进行地质调查，使用航测机，速度快、效率高、使用劳动力少，能在短期内取得大面积区域的探测资料。

军用机

军用飞机自 20 世纪初问世以来，广泛用于战争，在战争中发挥了重要作用。1909 年，美国陆军装备了第一架军用飞机，最初用于军事上主要是执行侦察任务。第一次世界大战中，飞机开始成为一种重要的武器。1918 年，英国、美国用轰炸机、歼击机和强击机直接为地面部队的战斗行动提供火力支援。第二次世界大战期间，大量军用飞机开始协同地面部队或舰队作战，对敌方的政治、经济和军事目标进行打击。1942 年，德国和美国先后研制出了喷气式歼击机。喷气式飞机突破了老式活塞式飞机性能的极限，使军用飞机的飞行速度、高度等大幅度提升。

当代的军用飞机，一般都具有对地（或水面、水下）攻击能力，能装载航空机关炮和携带导弹、火箭、航空炸弹和鱼雷等武器，用于攻击空中、地面、水面或水下目标。军用飞机所用武器可分两类：一类是非制导武器，如航空机关炮和一般航空炸弹；另一类是制导武器，如无线电遥控炸弹、激光制导炸弹和反潜导弹等。现代空战主要使用适于近距空战的空对空导弹，导弹多靠目标辐射的红外线制导；中、远距拦射导弹多数用机载雷达制导，个别的导弹本身装有雷达，在接近目标时，可进行自动制导。

当代战争中，军用飞机在夺取制空权、防空作战、支援地面部队和舰艇部队作战等方面，都发挥着更重要的作用。歼击机、轰炸机、歼击轰炸机、强击机、反潜巡逻机、武装直升机、侦察机、预警机、电子对抗飞机、炮兵侦察校射飞机、军用运输机、空中加油机等大量用于作战，使战争由平面发展到立体空间，对战略战术和军队组成等产生了重大影响。

肚皮笑笑破

非非和爷爷在一起看电视，这时，屏幕上出现了一架直升飞机。

“直升飞机上一定很热。”非非对爷爷说。

“你怎么知道？”爷爷问。

“如果不热，这飞机上怎么装着那么大的电风扇呢？”

黑匣子

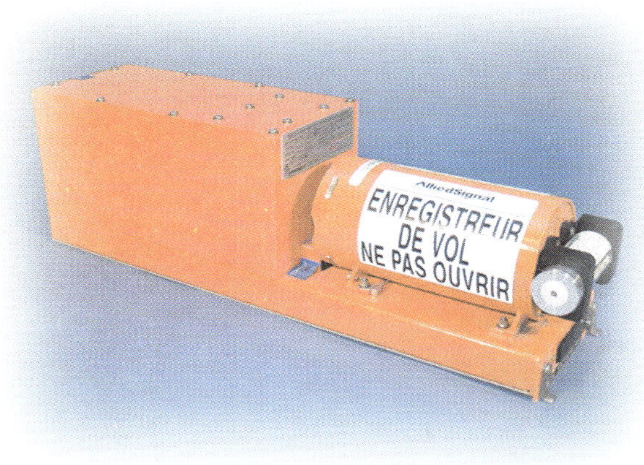

“黑匣子”是飞机上的一种飞行数据记录仪，每架飞机上都装配。它能将飞机的高度、速度、航向、爬升率、下降率、加速情况、耗油量、起落架放收、无线电通话记录、飞机系统工作状况和发动机工作参数等飞行参数都记录下来。它被安装在飞机尾部，带有水下信号标识器，并发出特定频率的音频信号，供搜寻者使用专门接收器确定它的方位。

飞机的飞行数据记录仪尽管被叫作“黑匣子”，但却不是黑色，而是被漆成明亮的橘红色。这种明亮显眼的颜色，以及记录仪外部的反射条带，可以使事故调查员们在飞机失事后能很快地找到它，特别是当飞机坠落在水上时。“黑匣子”称呼的起源大概有三种可能性：一种认为早期的黑匣子是黑色的；另一种认为是由于飞机失事后起火燃烧而变黑形成的；还有一种也许是人们觉得它里面存储的东西对飞机事故的鉴定意义重大，实在是太神秘了，所以就给它起了这样一个同样神秘的名字。

我来考考你

1. 你知道的民用飞机都有哪些？
2. 下面不是军用飞机的是（　　）。
   A. 战斗机　　B. 侦察机　　C. 森林消防飞机　　D. 歼击机　　E. 轰炸机

第七章 丰富的能源材料

能源是自然界中能为人类提供某种形式能量的物质资源，它在人们的生产生活中发挥着重要作用。而材料，则是人类用于制造物品、器件、机器等的重要物质。材料是人类赖以生存和发展的物质基础。20 世纪 70 年代，人们把信息、材料和能源誉为当代文明的三大支柱。

蕴藏丰富的能源

能源的主要类型有：煤、石油、天然气、核能、水能、太阳能、风能、地热能、生物能、海洋能等。其中，前四个类型的能源一旦用完了，在短期内是不能再出现的，所以叫“不可再生能源”；而其他能源则可以循环利用，所以叫“可再生能源”。下面，就让我们来探索一下能源的奥秘吧！

无题

（唐）李商隐

相见时难别亦难，东风无力百花残。
春蚕到死丝方尽，蜡炬成灰泪始干。
晓镜但愁云鬓改，夜吟应觉月光寒。
蓬山此去无多路，青鸟殷勤为探看。

黑色的“金子”——煤炭

煤的外表像石头，颜色黑黑的，毫不起眼，但自从人类发现它可以燃烧之后，就开始对它另眼相看了，叫它“黑色的金子”，它是人类使用的主要能源之一。

煤是由一定地质年代生长的繁茂植物，在适宜的地质环境中，逐渐堆积成厚层，并埋没在水底或泥沙中，经过漫长地质年代的天然煤化作用而形成的。根据煤化程度的不同，煤可分为泥炭、褐煤、烟煤和无烟煤四类。

中国是世界上最早利用煤的国家。西汉时，我国开始开采煤矿并把煤用作燃料。煤除被当成冶金的重要原料使用外，还可以经过不同的加工，制取化肥、塑料、合成橡胶、合成纤维、炸药、染料、医药等多种重要化工原料。中国、美国、俄罗斯、德国是煤炭储量丰富的国家，也是世界上主要的产煤国，其中中国是世界上煤产量最高的国家。

工业的“血液”——石油

你知道马路上的汽车是用什么作为动力的吗？对了，是汽油或者柴油。那你知道汽油和柴油是怎么来的吗？它们都是从石油里提炼出来的。石油是古代海洋或湖泊中的生物经过漫长的演化形成的混合物，与煤一样属于化石燃料。石油是世界工业的血液，更是汽车工业的血液。现在汽车的数量在急剧增长，如果发生石油危机，那么很多汽车就要瘫痪了。

从寻找石油到利用石油，大致要经过四个主要环节，即寻找、开采、输送和加工，这四个环节一般又分别称为“石油勘探”“油田开发”“油气集输”和“石油炼制”。日常生活中到处都可以见到石油或其附属品的身影，如汽油、柴油、煤油、润滑油、沥青、塑料等，还有很多哩！这些都是从石油中提炼出来的。

A：Please take a seat.
B：Thank you.
A：请坐。
B：谢谢！

石油的“兄弟”——天然气

天然气与煤炭、石油并称目前世界一次能源的三大支柱。天然气和石油常常埋藏在一起，一个是气体，一个是液体。它们都是远古时期的动植物躯体变成的。天然气蕴藏在地下 3000 ~ 4000 米的多孔隙岩层中，蕴藏量和开采量都很大。它比空气轻，具有无色、无味、无毒的特性。由于天然气热值高，燃烧产物对环境污染少，被认为是优质洁净燃料。

随着世界经济的发展，石油危机的冲击和煤、石油所带来的环境污染问题日益严重，使能源结构逐步发生变化，天然气的消费量急剧增长。它除了是廉价的化工原料外，主要作为燃料使用，它不仅作为居民的生活燃料，而且还被用作汽车、船舶、飞机等交通运输工具的燃料。天然气还能用于联合发电、供冷和供热、燃料电池等方面，发达国家都在竞相进行应用开发。

源源不息的能源——水能

水能是一种可再生的清洁能源。水能利用的主要形式是水力发电，是把天然水流蕴藏的能量转换成电能的发电方式。在自然状态下，河川水流的这种潜在能量以克服摩擦、冲刷河床、挟带泥沙等形式消耗掉，人们兴建水电站，就可以利用这部分被浪费消耗掉的能量为人类

题目：四四方方一块布，嘴和鼻子都盖住，两根带子耳上挂，不怕风沙不怕土。（请猜一物）
答案：口罩。

造福。1878年，在法国建成了世界上第一座水电站。随着机械制造业和超高压输电技术的发展，世界各国的水力资源得到大力开发。

电能不像其他有形的东西那样，可随时放到仓库里储存，只能是随发随用。抽水蓄能电站能把用电少时电网剩余电能的80%左右转换成别的能量储存起来，等到用电高峰或停电时救急。世界上第一座抽水蓄能电站是瑞士于1879年建成的勒顿抽水蓄能电站。

巨大的能量源泉——太阳能

太阳是一个巨大的能量源泉。太阳能是可再生能源，它资源丰富，既可免费使用，又无需运输，对环境没有任何污染。人类对太阳能的利用有着悠久的历史。我国早在两千多年前的战国时期就知道利用钢制四面镜聚焦太阳光来点火；利用太阳能来烘干农副产品。发展到现代，太阳能的利用已日益广泛，它包括太阳能的光热利用、光电利用和光化学利用等。

太阳能电池就是利用太阳能发电的装置。太阳能电池具有永久性、清洁性和灵活性三大优点。只要太阳存在，太阳能电池就可以一次投资而长期使用；与火力发电、核能发电相比，太阳能电池不会引起环境污染；太阳能电池可大可小，大到百万千瓦的中型电站，小到只供一户用的太阳能电池组，这是其他电源无法比拟的。

太阳能电站可以接收到大量的太阳能，把太阳能转化为电能，送入千家万户。

太阳能热水器能利用黑色的集热板吸收太阳光把光能转变成热能，并把热能传导给贮热水箱内的水，从而使贮热水箱内的水温不断升高。

利用太阳能采暖的太阳房能利用安装在屋顶上的太阳能集热器，把太阳能转变成热能和电能，供人们取暖和室内照明用。

无形的能源——风能

人类利用风能有着悠久的历史。最早的利用方式是“风帆行舟”。埃及尼罗河上的风帆船、中国的木帆船，都有两三千年的历史记载。另外，很早以前人们就利用风能作为动力，用风带动简易的传动装置，如风车，用来磨米、灌溉和排涝等。

风也能变成电。风能是太阳能的一种转换形式，地球接受的太阳辐射能大约有20%转化成风能。全球的风能总量如果有1%用来发电，就能满足全部能源消耗。历史上，由于西欧各国燃料缺乏，而且在这些国家风力比较大而持久，所以刺激了他们发展风力发电。1891年，丹麦建成了世界第一座风力发电站。现在丹麦已拥有风力发电机3000多座，年发电量达100亿度。100多年来，世界各国研制成功了类型各异的风力发电机。

地层下的蓄电池——地热能

地球像个大热水瓶，外面凉里面热，而且越往里面温度越高。在距离地面25～50千米的地球深处，温度是200～1000℃；在距地面6730千米的地心，温度高达4500℃。这种来自地球内部的热能，就叫作"地热能"。

地热能可以用来发电，能把地下热能带到地面并用于发电的，主要是地热泉中的热蒸汽和地下热水。开发利用好这部分地热能，可以为人类造福。

我国已经建立了一批地热电站。其中位于西藏自治区海拔4300米的羊八井地热电站，每小时产汽水混合物500～600吨，温度为145～150℃，井口的最高温度为172℃。由羊八井地热电站发出的电力，被送往西藏自治区首府拉萨，供人们用来生产和生活。

某市这天通知晚上停电，正当要停电的时候，女儿高兴地拿着蜡烛在客厅，母亲问：为什么这么高兴？"女儿兴奋地说："等一下可以点蜡烛看电视啊！"

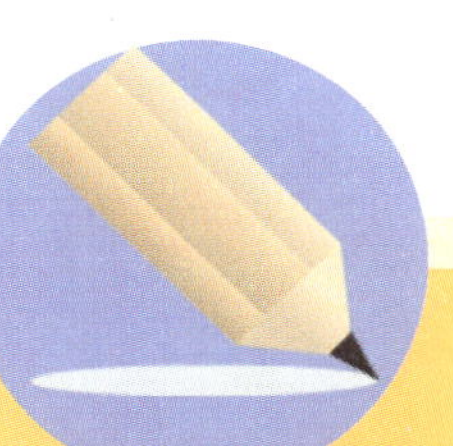

我来考考你

1. 不可再生能源都有哪几种？
2. 你知道的清洁能源都有哪些？

层出不穷的新能源

随着科学技术的发展和人类改造自然能力的日益提高，一些不可思议的能源渐渐地被人们所开发利用，这就是新能源。核能、潮汐能、海浪能、洋流能、生物能……这些新能源的开发和利用，为能源危机的缓解提供了一种可能。下面，就让我们来了解一下这些神奇的新能源吧！

左迁至蓝关示侄孙湘

（唐）韩愈

一封朝奏九重天，夕贬潮州路八千。
欲为圣明除弊事，肯将衰朽惜残年！
云横秦岭家何在？雪拥蓝关马不前。
知汝远来应有意，好收吾骨瘴江边。

成本低廉的新能源——核能

利用核能发电的电厂叫“核电站”。1954 年，苏联建造了世界上第一座核电站。随后，欧美一些科技先进的国家也纷纷着手建造核电站。由于核电站具有无污染、成本低等许多优点，受到越来越多的国家重视，成为能源工业发展的新方向。目前世界上所建的核电站都是利用核裂变产生的能量发电，使用的燃料主要是铀燃料。

法国是世界核电发展先进的国家之一，核电站供应的电能占全国发电总量的一半以上。发展核电站成为法国解决能源需求的重要途径之一。

蓝色的煤海——潮汐能

海水按一定时间做规律的涨落运动，就是常说的潮汐现象。海水潮涨潮落中包含着大量能量，这就是潮汐能。潮汐的能量是非常巨大的，所以人们把海洋潮汐叫作“蓝色的煤海”。

1966 年，法国在最大潮差为 13.5 米的朗斯河口，建成了世界上最大的潮汐发电站——朗斯河口电站，它的年发电量达每小时 5.44 亿千瓦。世界上潮汐能最大的地方是加拿大的芬地湾，那里的海潮最高时达到 18 米，相当六层楼房的高度。1984 年，加拿大在芬地湾建成了取名为安那波利斯的潮汐发电站。我国在浙江省温岭县建成的江厦潮汐发电站也是当今世界上比较大的潮汐发电站。

洋话天天说

A：How are you？
B：I am fine，thank you.
A：你好吗？
B：我很好，谢谢。

跳动的能量脉搏——海浪能

若将潮汐比拟成大海的呼吸，那么，海浪就是海洋不停跳动着的脉搏。大海是不平静的，没有风时它微波荡漾，有风时巨浪翻滚，那奔腾咆哮的海浪猛烈地撞击着岸边的岸石，发出响雷般的轰鸣，激起高高的白浪。海浪滚滚而来，蕴藏着巨大的能量。早在 1911 年，世界上的第一个海浪发电装置就诞生了。随后，世界上许多国家，如英国、日本、美国、加拿大、芬兰、丹麦、法国等都在研究和试验海浪发电，并相继提出了许多种发电装置的方案。

默默流动的能量库——洋流能

在广阔的海洋中，有一部分海水经常朝着一定的方向默默地流动，这就是海洋中的神秘河流——海流。海流和陆地上的河流一样，也蕴藏着巨大的能量。利用海流发电，既不受洪水的威胁，又不受枯水季节的影响，开发潜力巨大，海流发电站就是依靠海流的能量设计的。海流发电站多是浮在海面上的，最有名的要数伞式海流发电站了。伞式海流发电站把好多降落伞串在一根长绳上，绳的两端连起来套在轮船的两个轮子上，轮子与发电机相连。顺着海流方向运动的降落伞，被海流撑开，降落伞在海流的推动下运动，就带动船上的发电机跟着转动发电了。

优良的清洁能源——生物能

沼气是指利用人畜粪便、秸秆、污水等各种有机物在密闭的沼气池内，在没有氧气的条件下，把种类繁多的固体或是溶解状态的复杂有机物，按照各自的营养需要进行分解转化，最终产生的一种清洁能源。在转化的过程中，微生物是最活跃的因素，就是它们把各种复杂有机物进行分解转化，才最终生成了沼气。沼气是一种混合可燃性气体，清洁无污染，能用来烧水、做饭、点灯照明、冬季取暖等，是一种高效优质的清洁能源。

题目：风平浪静
（猜一中国城市）
答案：宁波。

垃圾中的能源

现代城市的垃圾日益增多，不仅污染环境，而且占去了大片土地，成为世界性的公害。但是，你知道吗，垃圾也能成为有用的能源呢！现在，科学家已经研究出用垃圾变燃料的方法。用这种方法，可以从废塑料和橡胶中提炼出高纯度的汽油，而且在生产过程中不会产生污染环境的烟雾。

还有一种垃圾电站，它利用燃烧城市垃圾所释放的热能发电。利用垃圾发电可

以变废为宝，化害为利，为居民提供取暖用的热能和电能，并使环境卫生得到改善。伦敦一座垃圾电站，每天燃烧垃圾 1300 吨，发电容量 20000 千瓦。美国的垃圾电站有 80 多座。中国的第一座垃圾电站在深圳市，日处理垃圾 300 吨，发电功率 500 千瓦。

上海某中学，有位老师给学生出了一道作文题目：上海一角。有一个学生不假思索就挥笔疾书：“今天的上海，一角钱连半片薄面包都买不到！”

我来考考你

1. 你知道的新能源都有哪些？
2. 被称为“蓝色的煤海”的是（　　）。
   A. 核能　B. 海浪能　C. 潮汐能　D. 洋流能

多种多样的金属材料

金属是延展性、导热性和导电性都比较好的一类物质。金属具有光泽而不透明，反光能力比较好。金属材料的用途非常广，人类使用这些材料已经有上千年的历史了。现在，金属材料在工农业更是受到广泛的重视。下面，就让我来带大家了解一下这类材料吧！

金属中的“帝王”——铂

铂是当今金属世界的“帝王”，它在自然界中含量稀少，极其珍贵，是最贵重的金属之一。铂族金属包括六种，它们分别是：铂、钯、锇、铱、钌、铑。铂族金属资源珍稀，人们发现和利用它们比金和银要晚得多。金银饰品在人类纪元之前的墓葬中就有发现，而人类对铂族金属的了解和利用，不过两百多年的历史。1735 年，铂才被人们所发现，其余几种铂族金属元素到了 19 世纪才陆续被人了解。虽然发现较晚，但人们很快了解到它们那特别可贵的性能，并把它们广泛应用于现代工业和尖端技术中。

金属中的“王子”——金

金是人类最早发现的金属之一，比铜、锡、铅、铁、锌都早。1964年，我国考古工作者在陕西省发现八块战国时代的金饼，含金量高达99%以上。在古埃及，也很早就发现了金。

金之所以那么早就被人们发现，主要是由于在大自然中金矿就是纯金，再加上金子闪闪发光，很容易被人们找到。在古代，欧洲的炼丹家们用太阳来表示金，因为金子像太阳一样，闪耀着金色的光芒。

金非常柔软，容易加工，用指甲都可以在它的表面划出痕迹。金在地壳中的含量大约是一百亿分之五。在海水中，金的含量很大，约含有十亿分之五的黄金，也就是说，在一立方千米的海水中，含有五吨金！另外，陨石中也含有少量的金，这表明其他天体上同样有金。

金属中的“公主”——银

银是一种美丽的白色金属，永远闪耀着月亮般的光辉，就像高傲的公主一样。西方古代人们用月亮的符号来表示银，而我国古代人们把银叫作“白金”。由于银具有杀菌的作用，早在两千多年前，古埃及人就把银片覆盖在伤口上，进行杀菌。现在，人们用银丝织成银“纱布”，包扎伤口，用来医治某些皮肤创伤或难治的溃疡。银和金一样，也是金属中的“贵金属”。几个世纪以来，人们用金和银来制作各种各样的首饰，象征了一种身份和地位；用来制作器皿，显示了豪华尊贵；更多的是用来当作货币使用，如银元宝、银币等等。

酬乐天扬州初逢席上见赠

（唐）刘禹锡

巴山楚水凄凉地，二十三年弃置身。
怀旧空吟闻笛赋，到乡翻似烂柯人。
沉舟侧畔千帆过，病树前头万木春。
今日听君歌一曲，暂凭杯酒长精神。

金属中的“贵族”——铜

铜是人类在古代便发现的重要的金属元素。那时候，人们发明了炼铜技术并用铜制造工具，在历史上称为“红铜时代”和“青铜时代”。纯净的铜是紫红色的金属，俗称“紫铜”“红铜”或“赤铜”。纯铜富有延展性。一滴水那么大小的纯铜，可拉成长达两公里的细丝，或压延成比一张乒乓球桌还大的几乎透明的箔。纯铜最可贵的性质是导电性能非常好，在所有的金属中仅次于银。但铜比银便宜得多，因此成了电气工业的“主角”。纯铜的用途比纯

洋话天天说

A：Where are the books?
B：They are supposed to be on the shelf.
A：书在哪里？
B：应该在书架上。

铁广泛得多，每年有50%的铜被电解提纯成纯铜，用于电气工业。铜受潮容易生成绿色的铜绿，这是有毒的，所以铜锅内壁常镀锡，以防生铜绿。

金属中的“卫士”——锌

锌是一种比较脆的金属，在室温下，纯锌呈蓝白色，有光泽。锌的最重要的用途是制造锌合金和作为其他金属的保护层，如电镀锌，以及制造黄铜、锰青铜、白铁和干电池。提水的小铁桶，常常是用白铁皮做的，在它的表面有着冰花状的结晶，这就是锌的结晶体。在白铁皮上镀了锌，主要是为了防止铁被锈蚀。每年，世界上所生产的锌有40%被用来制造白铁皮，制成各种管子、桶等等。据国外学者们考证，我国古代劳动人民首先生产出锌。我国制取锌的方法讲述最清楚的出现在明朝宋应星编写的《天工开物》中。

金属中的“平民”——铁

铁是地壳中最丰富的金属之一，在自然界中分布非常广。

由于天然纯净的铁在地球上是找不到的，所以人类发现和利用铁比黄金和铜都要迟。人类最早是从天空落下的陨石中发现了铁，考古学家曾经在古坟墓中发现陨铁制成的小斧子。铁在当时被认为是带有神秘性的最珍贵的金属，埃及人干脆把铁叫作“天石”。在埃及的金字塔所藏的宗教经文中，记述了当时太阳神等重要神像的宝座是用铁制成的。当然，现在铁的神秘面纱早已被揭开，沦落成了金属中的“平民”。

铁的最大用途是炼钢。铁中含有很多碳，这使得它容易断裂。如果去掉一些碳，铁就会变成非常坚硬的钢，成为金属材料中的“硬骨头”。钢是一种铁碳合金，我们通常把它和铁合称为“钢铁”。

金属中的“软骨头”——铝

铝在地壳中的分布量在全部化学元素中仅次于氧和硅，占第三位。铝是银白色的金属，又软又轻，是金属中有名的“软骨头”。铝的用途很广，宇宙火箭、航天飞机、人造卫星都使用大量的铝和它的合金。例如，一架超音速飞机约有70%由铝和它的合金构成。船舶建造中也大量使用铝，一艘大型客船的用铝量常常达到几千吨。铝板对光的反射性能也很好，铝越纯，反射能力越好，所以常用来制造高质量的反射镜，如太阳灶反射镜等。薄薄的铝箔还广泛用于包装香烟、糖果等。

题目：小时能吃味道鲜，老时能用有人砍，虽说不是钢和铁，浑身节骨压不弯。（猜一植物）

答案：竹子。

金属中的“硬汉”——钨

钨是金属中最不怕高温的金属。电灯泡里的灯丝，就是钨丝。当电灯点亮时，灯丝的温度高达3000℃以上，在这样高的温度下，只有钨才顶得住，而其他大多数金属会熔成液体或变成蒸气。我国钨的储藏量占世界第一位。可是，钨的最大的用途还不是制造灯丝，而是制造钨钢。全世界每年有90%的钨是用来制造钨钢。在我国古代，常有“削铁如泥”的宝刀，根据现代化学方法分析，原来，在这些钢刀中含有钨！用钨钢做的车刀，就是现代版的削铁如泥的“宝刀”。现在，炮筒、枪筒也常用钨钢做，因为在连续发射时，会被炮弹、枪弹摩擦得滚烫，但耐热的钨钢依然保持良好的弹性和机械强度。看来，钨还真是名副其实的“硬汉”呢！

金属中的“混血儿”——合金

合金是两种或多种金属的混合物。我们常用的银色硬币就是铜和镍的合金，叫“铜镍合金”；而铜色硬币（比如5角硬币）是铜、锡和少量锌合成的合金。为什么人们要制作合金呢？原来合金具有单个金属所不具有的优良性能。比如铁、钢等金属很容易生锈，用它们做餐具，让人感觉很不舒服，但是在钢中加入铬，制成了一种叫作“不锈钢”的合金刀叉，这种不锈钢刀叉就不会生锈了。

我国是世界上最早研究和生产合金的国家之一。在距今3000多年前的商朝，青铜工艺就已经非常发达，那个时代也被称为“青铜时代”，而青铜就是一种铜锡合金。

肚皮笑笑破

明明：“青青，你知道是早晨的太阳重还是傍晚的太阳重？”

青青，“不知道，你知道吗？”

明明：“那还用说，当然是傍晚的重啦。”

青青：“为什么？”

明明：“早晨的太阳轻得连大海都能一个浪头打上天空，傍晚的太阳重得连大山都托不住。”

我来考考你

1. 你知道的金属材料都有哪些？
2. 被称为“混血儿”的金属材料是（　　）。
   A. 银　　B. 铝　　C. 白金　　D. 合金

种类繁多的非金属材料

非金属材料自古就为人们所开发利用，随着生产和科学技术的进步，人类又用天然的矿物、植物、石油等为原料，制造、合成了许多非金属材料，如水泥、塑料等。这些非金属材料由于具有各种优异的性能，从而在现代工业中的用途不断扩大，并迅速发展。下面，就让我们来看看都有哪些非金属材料吧！

稀世珍宝——金刚石

金刚石，也叫“钻石”，俗称“金刚钻”。习惯上人们常把没有经过加工的称为“金刚石”，把加工过的叫作“钻石”。

金刚石是自然界中最硬的物质，是自然界中的稀世珍宝。最好的金刚石是无色的金刚石，是加工钻石的珍品。但也有特殊颜色的金刚石，如蓝色、紫色、金黄色等，这些颜色的金刚石也非常稀有，同样是加工钻石的珍品。印度是历史上最著名的金刚石出产国，现在世界上许多著名的钻石都出自印度。

感遇·其一

（唐）张九龄

兰叶春葳蕤，桂华秋皎洁。
欣欣此生意，自尔为佳节。
谁知林栖者，闻风坐相悦。
草木有本心，何求美人折？

金刚石的产量十分稀少，通常成品钻石是采矿量的十亿分之一，所以价格十分昂贵。世界上最重的钻石是1905年产于南非的“库里南”，重3106克拉（钻石的重量单位），已被分磨成105块小钻，有9块钻石闻名于世。其中一粒被称为“非洲之星”的库里南一号钻石的重量仍居世界著名钻石的首位。

用途广泛的木材

人类使用木材已经有上万年的历史，直到今天，它仍被广泛地应用。

木材来自树木，可分为针叶树材和阔叶树材两大类。杉木及各种松木、云杉和冷杉等是针叶树材；柞木、水曲柳、香樟、檫木及各种桦木、楠木和杨木等是阔叶树材。针叶树材一般树干高大、纹理通直、易加工、易干燥、开裂和变形较小，适于作结构用材。某些阔叶树材质地坚硬、纹理色泽美观，适于作装修用材。

在古建筑中，木材广泛应用于寺庙、宫殿、寺塔以及民房建筑中。在现在，大量木材被用来制成地板、门和其他一些木制品，还有大量的木材被用来造纸。

洋话天天说

A：Please don't say any more.
B：I'm sorry！ I don't know that I am bothering you.
A：别再说了。
B：对不起，我没想到打扰你了。

民族的骄傲——陶瓷

陶瓷是陶器和瓷器的总称。在中国，早在公元前4500年就产生了制陶的技艺。早在欧洲掌握制瓷技术之前的一千多年，中国已能制造出相当精美的瓷器。中国的陶瓷技术与艺术在世界上占有重要地位。

陶瓷的传统概念是指所有以黏土等无机非金属矿物为原料的人工工业产品。它包括由黏土或含有黏土的混合物经混炼、成形、煅烧而制成的各种制品。由最粗糙的土器到最精细的精陶和瓷器都属于它的范围。它的主要原料是自然界的硅酸盐矿物。随着近代科学技术的发展，近百年来又出现了许多新的陶瓷品种。它们不再使用或很少使用黏土、长石、石英等传统陶瓷原料，而是使用其他特殊原料，具有特殊的性能。

按用途分类，陶瓷有日用陶瓷，如餐具、茶具、缸、坛、盆、罐等；艺术陶瓷，如花瓶、雕塑品等；工业陶瓷，如砖瓦、排水管、瓷坩埚、蒸发皿、输电线路上的绝缘子、特种金属陶瓷等。

来自石油的塑料

在我们的日常生活中，随处可以见到塑料制品。从我们起床后使用的洗漱用品、早餐时用的餐具，到学习时用的文具，休息时用的坐垫、床垫，以及电视机、洗衣机、计算机的外壳，

题目：玻璃房，水银墙；里面热，外面凉。（猜一物）
答案：热水瓶。

还有夜晚给我们带来光明的各种造型的灯具……塑料以它优异的性能逐步地代替了许多已经使用了几十年、几百年的材料和器皿，成为人们生活中不可缺少的助手。

塑料是一种很容易成形的材料。大多数塑料是由从石油中提炼出化学物质加工制成的。塑料集金属的坚硬性、木材的轻便性、玻璃的透明性、陶瓷的耐腐蚀性、橡胶的弹性和韧性于一身，所以除了日常用品外，塑料更广泛地应用于各行各业。

》用途广泛的橡胶

“橡胶”一词来源于印第安语，在印第安语里的意思是“流泪的树”。1770 年，英国化学家普里斯特利发现橡胶可用来擦去铅笔字迹，他把这种用途的材料称为“橡皮”，这个词一直沿用至今。

橡胶按原料分为天然橡胶和合成橡胶。天然橡胶就是由三叶橡胶树割胶时流出的胶乳经过凝固、干燥后制成的。20 世纪以后，人们用从石油里提炼的化学材料来制造合成橡胶。

橡胶用途广泛。它是坚韧有弹性的材料，所以人们用它来制作衣服、软管、胶管和轮胎等。橡胶有防水作用，它又被用来制作潜水服、雨衣和医疗试管等。橡胶绝缘的性能也非常优良，所以，它还经常被用来制作电缆的外壳。

》无处不在的纤维

纤维是一种很细的丝线，在现代生活中，纤维的应用无处不在。

纤维可分为天然纤维和合成纤维两类。植物和动物的纤维属于天然纤维，可用来制造纸张、布料和其他纺织品，棉花和羊毛是最常用的天然纤维。在中国，公元 105 年，蔡伦在总结前人制造丝织品的经验的基础上，用树皮、破渔网、破布、麻头等作原料，制成了适合书写的植物纤维纸，使纸成为普遍人使用的书写材料。造纸技术的发明，是中华民族对世界文明的贡献之一。

合成纤维则由化学物质制成，也同样被广泛用于制造纺织品和玻璃纤维等高强度的材料。导弹需要防高温，江堤需要防垮塌，水泥需要防开裂，血管和神经需要修补，这些都离不开合成纤维这个“神奇小子”。

妈妈夜班回家，发现地毯上撒满了瓜皮果壳，并有一张醒目的字条。妈妈捡起来一看，只见上面写着：“妈妈，对不起，我困了，明天一定打扫。”

妈妈受不了脏，便拖过吸尘器忙活了一阵子。打扫完后，妈妈上床睡觉，只见枕头上又放着一张纸条，上面写着：“妈妈，谢谢您！”

来自熔岩的晶体——玻璃

古时候，人们把熔岩冷却后形成的玻璃状物质当作制造武器或装饰品的材料。大约在4世纪，罗马人开始把玻璃应用在门窗上。到1291年，意大利的玻璃制造技术已经非常发达，但他们害怕把玻璃制造技术泄漏出去，于是所有的玻璃工匠都被送到一个与世隔绝的孤岛上生产玻璃，不准这些工匠离开这座孤岛。1688年，一名叫纳夫的人发明了制作大块玻璃的工艺，从此，玻璃成了普通的物品。随着科技的发展，玻璃的种类越来越多，用途越来越广泛。人们用玻璃来制成各种各样的容器，在保护物品的同时，也起着装饰的作用；还用玻璃来制作眼镜、望远镜的镜片等等。

建筑的黏合剂——水泥

水泥是用途最广、用量最多的一种胶凝材料。水泥呈粉末状，与水混合后，能变成坚硬的石状体，并能将散粒材料胶结成为整体。水泥的历史可追溯到古罗马人在建筑工程中使用的石灰和火山灰的混合物。1824年，英国人阿斯普丁用石灰石和黏土烧制成水泥，硬化后的颜色与英格兰岛上波特兰地方用于建筑的石头相似，被命名为“波特兰水泥”，并取得了专利权。水泥不仅能在空气中硬化，还能更好地在水中硬化，所以水泥可以用于地上、地下、水中的工程。水泥依据颜色可分为黑色水泥、白色水泥和彩色水泥。

现代建筑多用混凝土作为基本的建筑材料。混凝土就是由水泥、砂、石和水按适当比例配合，加入适量的掺和料和外加剂，拌制并经一定时间硬化而成的人造石材。在混凝土中，砂、石起骨架作用，称为“骨料”；水泥与水形成水泥浆，水泥浆包裹在骨料表面并填充其空隙。在硬化前，水泥浆起润滑作用，便于施工。水泥浆硬化后，则将骨料胶结为一个坚实的整体。

我来考考你

1. 你知道的非金属材料都有哪些？
2. 塑料是从什么地方提炼出来的？

神奇的新型材料

随着科学技术的发展，人们不断制造出性能优良的新材料，包括隐形材料、复合材料、半导体材料、纳米材料等等。这些材料在各行各业得到广泛的推广和运用，也是未来材料发展的大趋势。下面，就让我们来看看它们有哪些特别之处吧！

材料中的"忍者"——隐形材料

闻名世界的美国隐形飞机一直是美国空军的一张王牌。美国在军事行动中，常出其不意地向敌方派出隐形战机，轰炸敌方重要军事和政治目标，取得重大战略成果。之所以能取得如此大的战绩，就因为隐形飞机的表壳涂上了隐形材料。飞机的主要对手是被称为"千里眼"的雷达。雷达能发射一种电磁波信号，当这种电波与入侵的敌机相遇时，电磁波便反射回来，被雷达所接收，从而得到敌机的方位、距离等数据。隐形材料能吸收雷达的电磁波，这样，雷达就捕捉不到飞机的踪迹，从而变成了"睁眼瞎"。

现代战争中，特别是现代电子战中，飞机、军舰、导弹和坦克等都能采用"隐身术"保护自己，以取得战斗的胜利。

诗词贝贝乐

感遇·其二
（唐）张九龄

江南有丹橘，经冬犹绿林。
岂伊地气暖，自有岁寒心。
可以荐佳客，奈何阻重深。
运命唯所遇，循环不可寻。
徒言树桃李，此木岂无阴。

功能齐全的材料——复合材料

玻璃纤维有很高的强度，耐热、耐腐蚀性也较好，但很脆，容易折断。而其他任何的一种单一材料也有着这样或那样的不足之处。于是，复合材料出现了。复合材料具备单一材料不具备的新功能。如在一些塑料中加入短玻璃纤维和无机填料可提高强度、刚性、耐热性，同时又能发挥塑料的质量轻、易成型等特性。再如，添加碳黑

ABC 洋话天天说

A：I think we have met somewhere.
B：You look really familiar.
A：我想我们在哪见过。
B：你看起来的确很面熟。

使塑料具有导电性，添加铁氧体粉末使塑料具有磁性等等。

“复合材料”一词正式使用，是从第二次世界大战后开始的。当时在“比铝轻、比钢强”这一宣传口号下，玻璃纤维增强塑料被美国空军用于制造飞机的构件，并在1950～1951年间传入日本，随后便开始了复合材料在民用领域的开发和利用。目前，钢筋水泥和玻璃钢便是用量最多的两种复合材料。

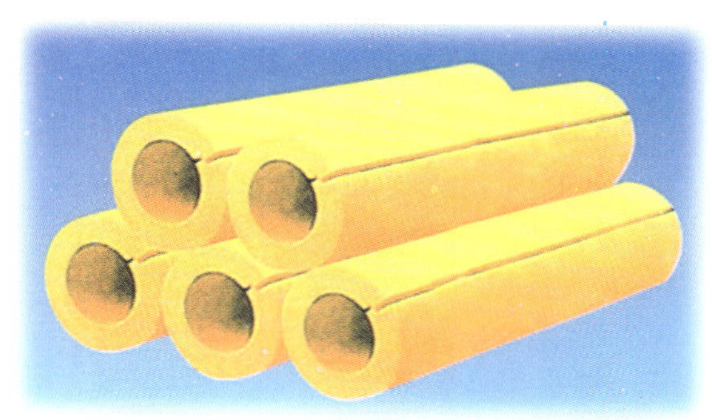

电流的驾驭者——半导体材料

人们通常按导电能力的大小，把材料分为导体、半导体和绝缘体。半导体材料是一类具有半导体性能、可用来制作半导体器件和集成电路的电子材料。半导体材料很多，按化学成分可分为元素半导体和化合物半导体两大类。锗和硅是最常用的元素半导体；化合物半导体主要有砷化镓、磷化镓、硫化镉、硫化锌以及锰、铬、铁、铜的氧化物等。以上都是晶态的半导体材料，此外，还有非晶态的玻璃半导体、有机半导体等。

半导体材料的电学性质对光、热、电、磁等外界因素的变化十分敏感，在半导体材料中掺入少量杂质可以控制这类材料的电导率。正是利用半导体材料的这些性质，人们才制造出功能多样的半导体器件。半导体材料是半导体工业的基础，它的发展对半导体技术的发展有极大的影响。

神奇的材料——纳米材料

纳米材料是指在三维空间中至少有一维处于纳米尺度范围（1～100nm）或由它们作为基本单元构成的材料。纳米材料大致可分为纳米粉末、纳米纤维、纳米膜、纳米块体等四类。

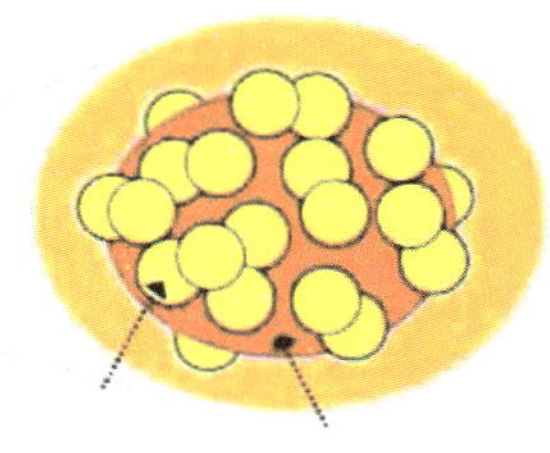

纳米粉末开发时间最长、技术最为成熟，是生产其他三类产品的基础。纳米粉末可用于高密度磁记录材料、吸波隐身材料、磁流体材料、防辐射材料、精密光学器件抛光材料、光电子材料、

饭店总管来到餐厅，对着众位客人不安地说："对不起，厨房领班要我给大家说一声，他希望你们在嚼东西的时候要小心，他的隐形镜片掉了……"

先进的电池电极材料、太阳能电池材料、高效催化剂、高效助燃剂、敏感元件、高韧性陶瓷材料（摔不裂的陶瓷）、人体修复材料、抗癌制剂等。

纳米纤维是指直径为纳米尺度而长度较大的线状材料，可用于微导线、微光纤材料（未来量子计算机与光子计算机的重要元件）、新型激光或发光二极管材料等。

纳米膜分为颗粒膜与致密膜。颗粒膜是纳米颗粒粘在一起，中间有极为细小的间隙的薄膜。致密膜指膜层致密但晶粒尺寸为纳米级的薄膜。纳米膜可用于气体催化（如汽车尾气处理）材料、过滤器材料、高密度磁记录材料、光敏材料、平面显示器材料等。

纳米块体是将纳米粉末高压成型或控制金属液体结晶而得到的纳米晶粒材料，主要用于超高强度材料、智能金属材料等。

液晶材料

19 世纪末，科学家发现有一些有机化合物的晶体，在加热到一定温度时会变成一种浑浊、黏滞的塑性物质，再升温至某一温度，又突然变成完全清澈透明的液体，这种介于固态和液态之间的物质就是液晶。

液晶材料按分子排列的不同可分三类：近晶型液晶、向列型液晶和胆甾型液晶。

近晶型液晶材料还未得到开发利用。向列型液晶主要用来制造电控亮度玻璃，如照相机上的自动光圈和数码显示器。胆甾型液晶具有显著的温度效应，随温度升高，它的颜色按赤、橙、黄、绿、青、蓝、紫变化；温度降低，则按反方向变化。它的这种温度效应可用于金属的无损探伤和医疗上检查血栓和肿瘤。

液晶材料体积小、耗能少，在电子计算机、电视、钟表、微波测量、医疗、宇航上都有重要用途。

功能材料

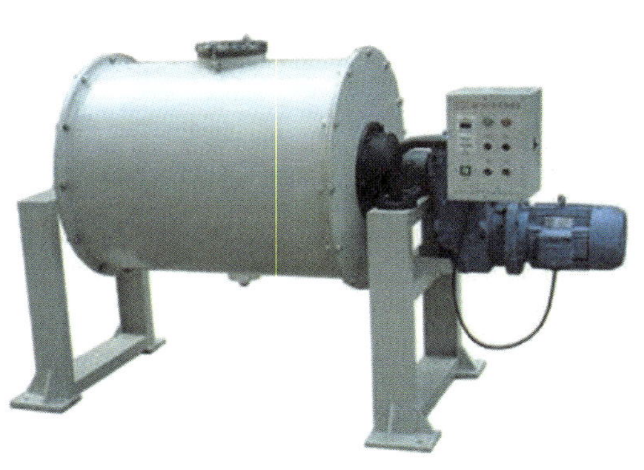

功能材料是一大类具有特殊电、磁、光、声、热、力、化学以及生物功能的新型材料，是信息技术、生物技术、能源技术等高技术领域和国防建设的重要基础材料，同时也对改造某些传统产业，如农业、化工、建材等

起着重要作用。

功能材料种类繁多，用途广泛。功能材料按使用性能，可分为微电子材料、光电子材料、传感器材料、信息材料、生物医用材料、生态环境材料、能源材料和机敏（智能）材料等。功能材料是新材料领域的核心，对高新技术的发展起着重要的推动和支撑作用，在全球新材料研究领域中，功能材料约占85%。当前国际功能材料及其应用技术正面临新的突破，诸如超导材料、微电子材料、光子材料、信息材料、能源转换及储能材料、生态环境材料、生物医用材料及材料的分子、原子设计等正处于日新月异的发展之中，发展功能材料技术正在成为一些发达国家强化其经济及军事优势的重要手段。

我来考考你

1. 你知道的新型材料都有哪些？
2. 隐形材料为什么能隐形？

第八章 打开科学之门

自从人类有历史以来，就从未停过探索的脚步。人们对世界万物认识的日益提高，无不显示了人类探索的足迹。从原始社会的结绳计数的数学雏形，到如今的电子科技大飞跃，人类经过了漫长的探索过程。下面，就让我们打开科学之门，领略科学的闪光点吧！

望岳

（唐）杜甫

岱宗夫如何，齐鲁青未了。
造化钟神秀，阴阳割昏晓。
荡胸生层云，决眦入归鸟。
会当凌绝顶，一览众山小。

数与形的碰撞

对数与形的探索和发现，是人类逐渐从愚昧走向成熟的表现。随着人类灵智的开发，数与形的奥秘被人们一点点地揭开了隐藏的面纱。

结绳计数

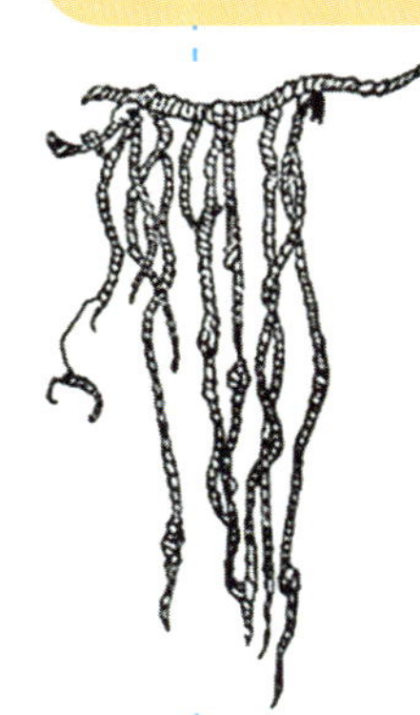

结绳记事是文字发明前，人们所使用的一种记事方法。在一条绳子上打结，用以记事的记录方式，被原始先民广泛使用。结绳的方法为根据事件的性质、规模或所涉数量的不同结系出不同的绳结。这种记事方法在没有掌握文字的民族中曾经被广泛地采用，有些民族甚至一直沿用至今。

因为在劳动中产生了计数的需要，比如数人数、物体个数等，这样，古代的人就开始用绳结来计数。根据记载，鞑靼族在宋代时仍没有掌握文字，每当发生战争要调发军马时，就在草上打结，然后派人火速传达，有多少结就表示要调多少军马。现在一些秘鲁的牧羊人，还在用这种方法计算牲口。

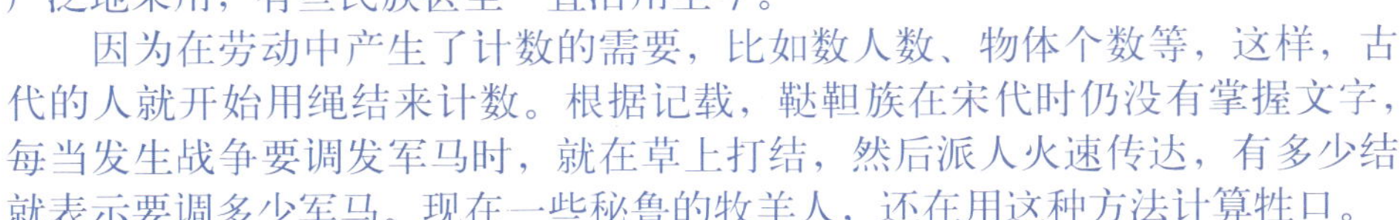

后来，当语言和文字发展起来，才慢慢出现了数词，发明了计数的符号，也就有了最初的数字。

数的诞生

我们天天数数，你知道数是从哪里来的吗？数学是自然科学之父，起源于用来计数的自然数的伟大发明。人类先是产生了“数”的朦胧概念。他们狩猎而归，猎物或有或无，于是有了“有”与“无”两个概念，后来他们知道了“多”和“少”，再后来他们才慢慢明白了“一个”和“多个”的区别。

后来他们就用在兽骨等东西上划杠或者用绳子系扣的方法，来把两个东西一一对应起来。比如说，打来 4 只野鸡，就在绳子上系 4 个扣子，根据绳子的颜色、系扣的大小，来代表不同事物的数目。又过了不知道多少年，人类才学会使用抽象的符号来表示数目。抽象符号的出现，就标志着数字诞生了。比如古埃及人使用过一种象形文字作数字符号，而古巴比伦人用的是三角形的符号。中国人现在发现最早用的是甲骨文。在四千年前，中国人就已经学会用十进制了。在三千多年前的商朝，就有从 1 到 10 的全部数字了。不过，我们现在使用的阿拉伯数字，是印度人在两千三百多年前发明的，后来经过上千年的演变，又传到阿拉伯，再从阿拉伯传到欧洲，再经过演变，最后才成为像现在我们看到的这个样子。

A：How long do you want us to wait for you？
B：Five more minutes.
A：你要我们等你多久？
B：再等五分钟。

甲骨文上的数字

甲骨文是古代人在龟甲和兽骨上刻上的文字。甲骨文是中国的一种古代文字，被认为是现代汉字的早期形式，有时候也被认为是汉字的书体之一，也是现存中国最古老的一种成熟文字。

甲骨文已有从一到十和百、千、万等十三个计数单字，出现 4 位数，较大的数字是 3 万，已有奇数、偶数、倍数的概念。显然，当时的人们已掌握了初步的运算技能，应用十进位制的位置计数法。甲骨文上的数字和简单的数学概念的出现，标志着人们已经开始踏进了数学领域的大门，是人类科学发展史上举足轻重的进步。

1　2　3　4　5　6　7　8　9　10　20　30　40

50　60　70　80　100　200　300　400　500　600

800　900　1000　2000　3000　4000　5000　8000　10000　30000

零的内涵

“0”这个数据说是由印度人在约公元 5 世纪时发明的。在 1202 年时，一个商人写了一本《算盘之书》，在东方数学是以运算为主（西方当时以几何和逻辑为主），由于运算上的需要，自然地引入了“0”这个数。在中国很早便有关于“0”这个数字的记载。在 1208 年时将印度的阿拉伯数字引入本书，并在开头写了“印度人的 9 个数字，加上阿拉伯人发明的‘0’符号便可以写出所有数字”。由于一些原因，在初引入“0”这个符号到西方时，曾经引起西方人的困惑，因当时西方认为所有数都是正数，而且“0”这个数字会使很多算式、逻辑不能成立（如除 0），甚至认为是魔鬼数字，而被禁用。直至公元 15、16 世纪，0 和负数才逐渐被西方人所认同，才使西方数学有快速发展。

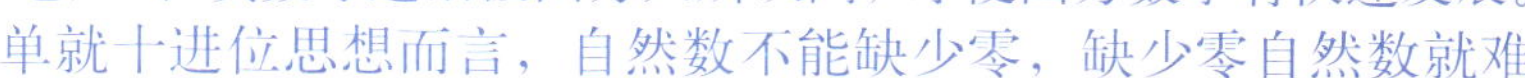
单就十进位思想而言，自然数不能缺少零，缺少零自然数就难

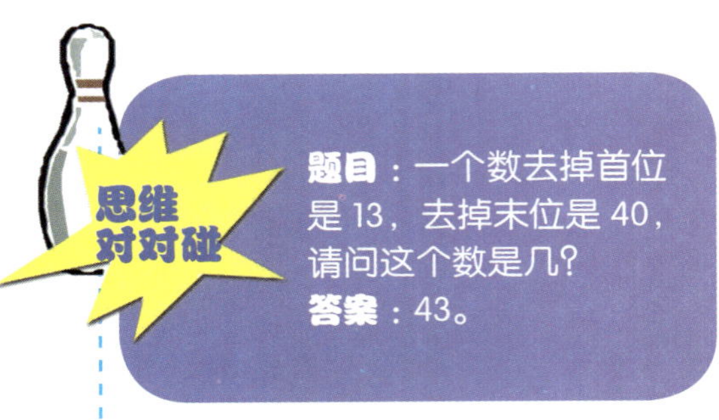

以完成进位，缺少零自然数就不能称其为数学。零的意义和应用已经远远超出了数学本身。文字源于中国，十进位数学思想源于中国，零源于中国。零是一个看不见摸不着的怪物，如果没有零，人类的文明，人类的社会科学、自然科学将是一张白纸。零是基点，是科学的基点。

负数的意义

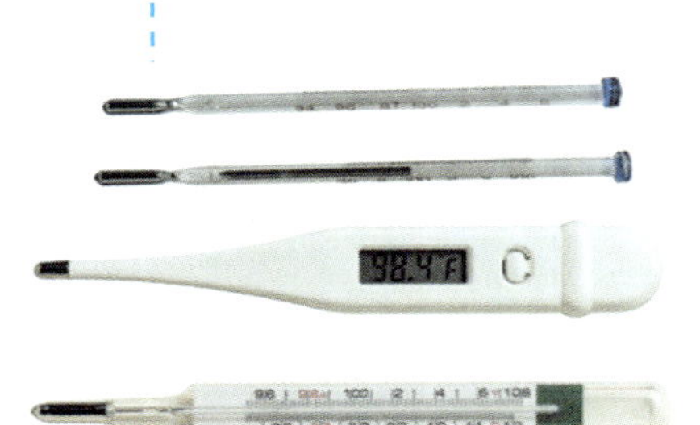

我们学过自然数 1、2、3……一个物体也没有，就用 0 来表示，测量和计算有时不能得到整数的结果，这就要用分数和小数表示，你还见过其他种类的数吗？现在有两个温度计，温度计液面指在 0 以上第 6 刻度，它表示的温度是 6℃，那么温度计液面指在 0 以下第 6 刻度，这时的温度如何表示呢？如果还用 6℃ 来表示，那么就无法区分是零上 6℃ 还是零下 6℃，因此我们就引入一种新数——负数。负数是比零小的数，用负号“－”标记。

人们在生活中经常会遇到各种相反意义的量。比如，在记账时有余有亏，在计算粮仓存米时，有时要记进粮食，有时要记出粮食。为了方便，人们就考虑用相反意义的数来表示。于是人们引入了正负数的概念，把余钱、进粮食记为正，把亏钱、出粮食记为负。可见正负数是从生产实践中产生的。据史料记载，早在两千多年前，我国就有了正负数的概念，掌握了正负数的运算法则。人们计算的时候用一些小竹棍摆出各种数字来进行计算。我国三国时期的学者刘徽在建立负数的概念上有重大贡献。刘徽首先给出了正负数的定义，他说：“今两算得失相反，要令正负以名之。”意思是说，在计算过程中遇到具有相反意义的量，要用正数和负数来区分它们。我国古代著名的数学专著《九章算术》(成书于公元 1 世纪）中，最早提出了正负数加减法的法则：“正负数曰：同名相除，异名相益，正无入负之，负无入正之；其异名相除，同名相益，正无入正之，负无入负之。”这里的“名”就是“号”，“除”就是“减”，“相益”“相除”就是两数的绝对值“相加”“相减”，“无”就是“零”。

肚皮笑笑破

儿子今年三岁，已懂得从一数到十，也知道五比一大。父亲也随时找机会教他，问他小狗小猫哪个大。有一次，父亲左手拿一块巧克力，右手拿两块巧克力，问他：“哪一边比较多？”儿子不回答，父亲耐心地继续追问，儿子突然放声大哭，说：“两边都很少啊！”

唯美的对称图形

在日常生活中，我们会看到很多对称图形。它们造型唯美，让人看着赏心悦目。那么，对称图形都有哪些呢？对称图形主要有两类，一类是轴对称图形，另一类是中心对称图形。

人们在实践中发现，有的图形如果沿着某一条直线对折后，对折的这两部分能完全重合，例如正五边形、正方形、长方形、等腰梯形、等腰三角形、等边三角形、圆形、线段等。人们发现这一现象后，就给这类图形起了一个名字，叫作“轴对称图形”，把那条对折线叫作“对称轴”。轴对称图形都至少有一条对称轴，有的轴对称图形还不止一条对称轴，例如圆，它就有无数条对称轴，圆的每条直径所在的直线都是圆的对称轴。

人们同时又发现，有的图形如果绕着最中心的一点旋转180度后，就会与自身重合，例如平行四边形、正方形、长方形、圆形、线段等。于是人们又给这类图形起了一个名字，叫作“中心对称图形”。

从上面可以发现，既是轴对称图形又是中心对称图形的有：线段、长方形、正方形、圆等。平行四边形是中心对称图形，但不是轴对称图形，它没有对称轴。

神奇的黄金分割

对科学的探索，时常会让人们感到由衷地惊奇。黄金分割的发现，就证明了这一点。

黄金分割是一个神奇的比值。举例说，如果一条线段上的一个点，把这条线段分成了两部分，其中一部分对于全部的比值，等于另一部分对于该部分的比值，那么，我们就可把这个点称为“黄金分割点”。黄金分割的比值约等于0.618。五角星非常美丽，有不少国家的国旗用五角星作旗面图案，这是为什么？因为在五角星中可以找到的所有线段之间的长度关系都是符合黄金分割比的。

因为黄金分割这一比值能够引起人们的美感，在实际生活中的应用也非常广泛。建筑物中某些线段的比就科学采用了黄金分割，舞台上的报幕员并不是站在舞台的正中央，而是偏在台上一侧的黄金分割点的位置，这样最美观，声音传播得最好。就连植物界也有采用黄金分割的地方，如果从一棵嫩枝的顶端向下看，就会看到叶子是按照黄金分割的规律排列着的。在很多科学实验中，选取方案常用一种0.618法，即优选法，它可以使我们合理地安排较少的实验次数找到合理的答案。正因为它在建筑、文艺、工农业生产和科学实验中有着广泛而重要的应用，所以人们才珍贵地称它为“黄金分割”。

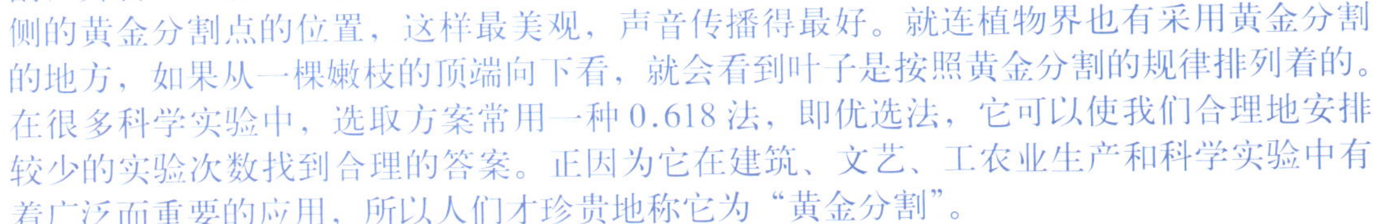

大多数门窗的宽长之比也是黄金分割。建筑师们对黄金分割也特别偏爱，无论是古埃及的金字塔，还是巴黎的圣母院，或者是近世纪的法国埃菲尔铁塔，都有与它有关的数据。

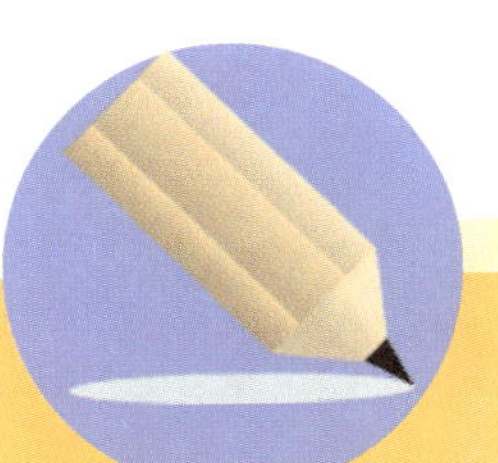

我来考考你

1. 最早的数字出现在什么时候？
2. 你知道的对称图形都有哪些？它们分别是以什么为对称的？
3. “黄金分割”为什么那么神奇？

奇妙的化学世界

火柴的演变

现在你家还用火柴吗？你知道火柴是谁发明的吗？最初的火柴是由英国化学家约翰·华尔克发明的。在一次偶然的机会中，华尔克发现用砂皮纸摩擦氯化钾和硫化锑的混合物能产生火焰。在 1827 年，华尔克售出了第一盒氯化钾和硫化锑做的火柴。

那你知道火柴为什么能擦着火吗？我们来看看。火柴头主要由氧化剂（氯酸钾）、易燃物（如硫等）和黏合剂等组成。火柴盒侧面主要由红磷、三硫化二锑和黏合剂组成。当划火柴时，火柴头和火柴盒侧面摩擦发热，放出的热量使氯酸钾分解，产生少量氧气，使红磷发火，从而引起火柴头上的易燃物燃烧，这样火柴便划着了。

闻王昌龄左迁龙标遥有此寄

（唐）李白

杨花落尽子规啼，闻道龙标过五溪。
我寄愁心与明月，随风直到夜郎西。

牙膏的发展

你知道牙膏是怎么来的吗？洁齿品的使用可追溯到 2000 ~ 2500 年前，希腊人、罗马人、希伯来人及佛教徒的早期著作中都有使用洁牙剂的记载。早期的洁齿品主要是白垩土、动物骨粉、浮石甚至铜绿，直到 19 世纪还在使用牛骨粉和乌贼骨粉制成牙粉。18 世纪，英国开始工业化生产牙粉，牙粉才成为一种商品。1840 年，法国人发明了金属软管，为一些日常用品提供了合适的包装，这导致了一些商品形态的改革。1893 年，维也纳人塞格发明了牙膏并将牙膏装入软管中，从此牙膏开始大量发展并逐渐取代牙粉。

肥皂的故事

我们每天用肥皂洗手，下面就给你们讲讲肥皂的故事。最早的肥皂配方起源于西亚的美索不达米亚。大约在公元前 3000 年的时候，人们便将 1 份油和 5 份碱性植物灰混合制成清洁剂。在欧洲，关于肥皂起源的传说很多。一种说法是，古罗马的高卢人，每遇节日便将羊油和山毛榉树灰溶液搅成糊状，涂在头发上，梳成各种发型。一次，节日突遇大雨，发型淋坏了，人们却意外发现头发变干净了。另一种说法是，罗马人在祭神时，烧烤的牛羊油滴落在草木灰里，形成了“油脂球”。妇女们洗衣时发现，沾了“油脂球”的衣服更易洗干净。这都说明了人们用动物脂肪与草木灰（碱）皂已有千年历史。

考古学家在意大利的庞贝古城遗址中发现了制肥皂的作坊，这说明罗马人早在公元 2 世纪就开始了原始的肥皂生产。中国人也很早就知道利用草木灰和天然碱洗涤衣服，人们还把猪胰腺、猪油与天然碱混合，制成块，称“胰子”。早期的肥皂是奢侈品，直至 1791 年法国化学家卢布兰用电解食盐方法廉价制取火碱成功，才结束了从草木灰中制取碱的古老方法。1823 年，德国化学家契弗尔发现了脂肪酸的结构和特性，肥皂即是脂肪酸的一种。19 世纪末，制皂工业由手工作坊最终转化为工业化生产。

ABC 洋话天天说

A：Hurry up！ You are going to be late for school.
B：Coming，coming.
A：快点吧，你要迟到了。
B：来了，来了。

灭火器的特色

灭火器具是一种平时往往被人冷落，急需时大显身手的消防必备之物。尤其是在高楼大厦林立，室内用大量木材、塑料、织物装潢的今日，一旦有了火情，没有适当的灭火器具，便可能酿成大祸。

古时的灭火器具很简单，无非是钩、斧、锹、桶之类。第一个真正的专用灭火器是由英国船长、诺福克郡人曼比于 1816 年发明的，它仅是一个装 1 升多水并充有压缩空气的圆桶。到 19 世纪中叶，法国医生加利埃发明了手提式化学灭火器。他将碳酸氢钠和水混合放在筒内，另用一玻璃瓶盛着硫酸装在桶口内。使用时，由撞针击破瓶子，使化学物质混合，产生二氧化碳，把水压出桶外。

1905 年，俄国的劳伦特教授在圣彼德堡发明了一种泡沫灭火剂，把硫酸铝与碳酸氢钠溶液混合并加入稳定剂，喷出后生成含有二氧化碳的泡沫，浮在燃烧的油、漆或汽油上，能有效地隔绝氧气，窒熄火焰。1909 年，纽约的戴维森取得一项专利，利用二氧化碳从灭火器内压出四氯化碳，这种液体会立即变成不可燃的较重气体以闷熄火焰。此后又出现了干粉灭火器、液态二氧化碳灭火器等多种小型灭火器。

题目：一只狗，两个口，谁遇它，谁发愁。（猜一字）
答案：哭。

煤气如何致命

我们家家都用煤气做饭，煤气的用处真不小，但煤气的危险性也非常大。煤气主要成分是一氧化碳，在各种含碳燃料不完全燃烧时都可产生一氧化碳。这是一种无色、无味、无刺激性的气体。当居室内一氧化碳体积达 0.06%时，人会有头晕、头痛、恶心、呕吐、四肢乏力等症状；超过0.1%时，只要吸入半小时，人即会昏睡，进而昏迷；达到0.4%时，只要吸入1小时就可致人死亡。小朋友，知道煤气的威力了吧！我们来看看煤气是如何致命的。当人吸入的一氧化碳（CO）与血红蛋白（Hb）结合形成稳定的碳氧血红蛋白（Hb-CO）时，使Hb丧失携氧能力，从而引起重要器官与组织缺氧，出现中枢神经系统、循环系统等中毒症状，从而衰竭死亡。

肚皮笑笑破

从前有夫妻二人，非常会过日子，可奇怪的是，他家的日子一直过不好。有一天晚上点灯时，妻子不小心掉了一根火柴在地上，丈夫听说了，非常心疼，急忙叫妻子划着火柴满地找。结果，一盒火柴划光了，掉的那根火柴才找到。他十分自信地教训妻子说："只有这样注意一点一滴的节约，日子才能好起来。"

酒精怎么害人

你看见过喝醉酒的人吧？酒喝多了可能引起酒精中毒。酒精化学名称是"乙醇"，是无色、透明、具有特殊香味的液体。饮酒后，乙醇很快通过胃和小肠的毛细血管进入血液。一般情况下，饮酒者血液中乙醇的浓度在30～45分钟内将达到最大值，随后逐渐降低。当乙醇的浓度超过1000毫克/升，将可能引起明显的乙醇中毒。一般可分为兴奋、催眠、麻醉、窒息四阶段。患者进入第三或第四阶段时，会出现意识丧失、瞳孔扩大、呼吸不规律、休克、心力循环衰竭及呼吸停止。长期酗酒可引起多发性神经病、慢性胃炎、脂肪肝、肝硬化、心肌损害及器质性精神病等。

我来考考你

1. 火柴盒侧面主要由______、______、______组成。
2. 第一个真正的专用灭火器是由谁发明的？

高端的电子科技

自从人们揭开了电子科学领域的面纱后，我们就飞快地进入了一片崭新的天地之中。如今，我们生活在一个电子的世界，功能强大的电子科技产品层出不穷，已成为现代社会不可或缺的一部分，并将在未来继续扮演更重要的角色。

诗词贝贝乐

使至塞上

（唐）王维

单车欲问边，属国过居延。
征蓬出汉塞，归燕入胡天。
大漠孤烟直，长河落日圆。
萧关逢候骑，都护在燕然。

功能强大的光纤通信

光纤通信技术是现代通信的主要支柱之一，在现代电信网中起着举足轻重的作用。光纤通信作为一门新兴技术，其近年来发展速度之快、应用面之广是通信史上罕见的，也是世界新技术革命的重要标志和未来信息社会中各种信息的主要传送工具。

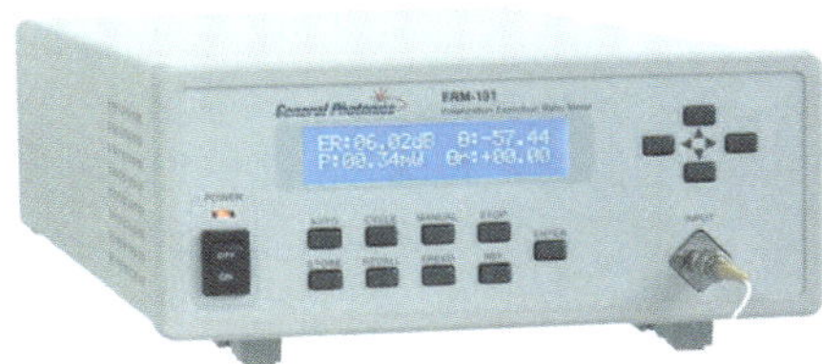

光纤是用纯度极高的石英玻璃拉制成的极细纤维，全称光导纤维。光纤通信就是利用先进的电光变换技术，将无线电信号转变成光信号，让光波在光导纤维中通过，实现信息的传输。它可以像一般铜缆线那样，传送电话通话或电脑数据等资料，所不同的是，光纤传送的是光信号而非电信号。光纤通信系统主要包括发送、传输、接收三部分。光纤具有通信容量大、抗干扰、体积小、重量轻、寿命长、原材料资源丰富等独特优点，大有替代金属电缆的趋势。

方便的移动通信

洋话天天说

A：Where are you going？
B：I am off to the school.
A：你去哪？
B：我去学校。

随着社会的发展，人们越来越不能满足于固定电话的通信手段。人们希望随时随地都能毫无阻碍地跨地交流。于是，经过不懈的探索，移动通信出现了。从此，无论是在路上，还是在汽车、火车、轮船上，人们都能随心所欲地和远方的亲朋们畅谈了。

移动通信的种类繁多。从最开始的无绳电话，到后来的小灵通，再到后来的卫星移动通信，如今已经发展到4G，它的功能越来越强大，使用越来越方便。

目前，世界上大都使用数字移动通信。数字移动通信就是我们常用的手机移动服务。进入21世纪后，数字移动通信已经渐渐取代了其他移动通信模式。

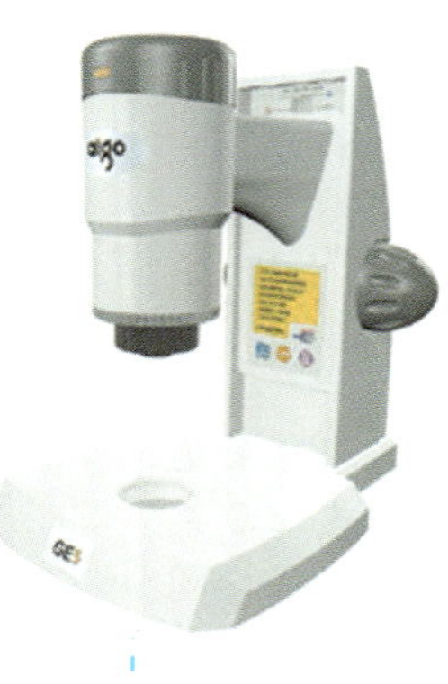

奇妙的电子显微镜

电子显微镜是根据电子光学原理，用电子束和电子透镜代替光束和光学透镜，使物质的细微结构在非常高的放大倍数下成像的仪器。

电子显微镜由镜筒、真空系统和电源柜三部分组成。镜筒主要有电子枪、电子透镜、样品架、荧光屏和照相机构等部件，这些部件通常是自上而下地装配成一个柱体；真空系统由机械真空泵、扩散泵和真空阀门等构成，并通过抽气管道与镜筒相连接；电源柜由高压发生器、励磁电流稳流器和各种调节控制单元组成。

电子显微镜按结构和用途可分为透射式电子显微镜、扫描式电子显微镜、反射式电子显微镜和发射式电子显微镜等。透射式电子显微镜常用于观察那些用普通显微镜所不能分辨的细微物质结构；扫描式电子显微镜主要用于观察固体表面的形貌，也能与 X 射线衍射仪或电子能谱仪相结合，构成电子微探针，用于物质成分分析；发射式电子显微镜用于自发射电子表面的研究。

电子显微镜的分辨能力非常强大，现在的电子显微镜最大放大倍率超过 300 万倍，因此通过电子显微镜甚至能直接观察到某些重金属的原子和晶体中排列整齐的原子点阵。

肚皮笑笑破

有一天，小明看到爸爸用手机打电话，边走边讲，就好奇地问妈妈：“为什么爸爸打电话要走来走去呢？”妈妈对小明解释说：“那是因为爸爸用的是移动电话呀。”

观察星海的射电望远镜

射电望远镜是接收天体发射出的无线电波的望远镜，是人类研究宇宙结构最重要的设备。射电望远镜与光学望远镜不同，它既没有高高竖起的望远镜镜筒，也没有物镜和目镜，它由天线和接收系统两大部分组成。

巨大的天线是射电望远镜最显著的标志，它的种类很多，有抛物面天线、球面天线、半波偶极子天线、螺旋天线等。最常用的是抛物面天线。天线对射电望远镜来说，就好比是它的眼睛，它的作用相当于光学望远镜中的物镜。它要把微弱的宇宙无线电信号收集起来，然后通过一根特制的管子把收集到的信号传送到接收机中去放大。

接收系统的工作原理和普通收音机差不多，但它具有极高的灵敏度和稳定性。接收系统将信号放大，从噪音中分离出有用的信号，并传给后端的计算机记录下来。记录的结果是许多弯曲的曲线，天文学家通过分析这些曲线，就能得到天体送来的各种宇宙信息。

>> 体积庞大的第一台电脑

1946年2月，世界上第一台全自动电子计算机在美国宾夕法尼亚大学研制成功了。这台计算机装有18000个真空管、1500个电子继电器、70000个电阻器、18000个电容器，8英尺高，3英尺宽，100英尺长，总重量达30吨之巨，简直就是个庞然大物。这个庞然大物所有的程序和指令都是通过外设来完成的，每当进行运算时，工程师就得把6000多根导线插进接口，运算结束后，工程师再把导线拔下来，如果要进行另一项运算，就必须把这些导线重新一根一根插进去。因此，与其说它是一台计算机还不如说它是一座计算工厂。

>> 轻巧便捷的微机

1969年，马西安·霍夫提出了一个设想，把计算机的全部电路做在四个芯片上，即中央处理器芯片、随机存取存储器芯片、只读存储器芯片和寄存器芯片。1971年，他的想法实现，世界上第一台微型计算机诞生。

随着科学技术的发展，微处理器越来越小巧，但它的功能却越发强大，甚至可以控制便携式电脑、卫星与飞机的核心系统，难以想象的是它的身材只有你的手指肚大小，袖珍型的微处理器使得现代电脑不断“瘦身”，可以随身携带，甚至出现了超小型的迷你电脑。

>> 功能强大的现代电脑

你知道吗？飞机员真正进入一架真的飞机之前，就可以成为驾驶现代化飞机的行家，原因就是飞行员已经在由电脑控制的模拟装置上接受了训练。现在，功能强大的电脑能使模拟装置像一架真的飞机那样作出高空飞行时的各种反应，再现世界任何机场的飞行着陆情况。飞行员在没有任何危险的条件下完成训练后，就能轻松地驾驶真正的飞机了。

功能强大的现代电脑，还可以制作出许多活灵活现的影像，用于电视广告和电影特技的合成。我们现在看的一些看起来在现实中不可能存在的镜头，就是用电脑进行的各种各样的变形复制，从而产生了奇特的视觉效果。

浩瀚的网络海洋

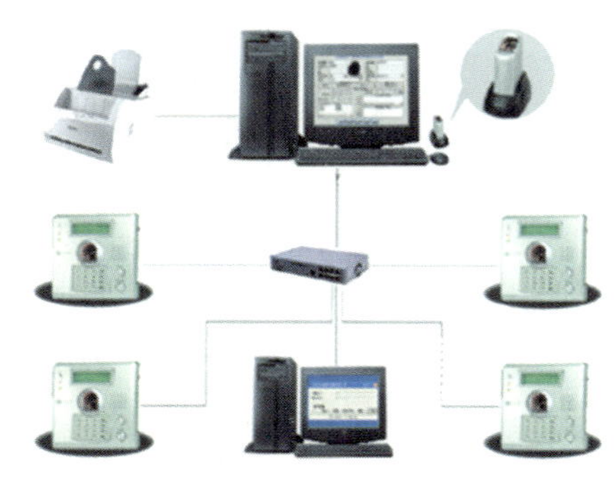

你们对因特网一定不陌生吧。因特网是从英文“Internet”翻译过来的，又称为“国际互联网”。

它是一个世界范围内的网络，利用通信线路，将分布于世界各地的计算机网络联结起来，从而实现了最为快捷的跨地域交流。因特网含有极为丰富的信息资源，是人类巨大的信息宝库，这些资源大得超过任何一个人的想象力。

在因特网上可以实现资源共享、相互通信、远程教学等。如通过因特网就可以在自己家中的计算机上查阅学校图书馆的书目或国家图书馆的资料；可以到中央电视台的网站上去查阅节目预告甚至收看电视节目；可以在几秒钟内把书信、照片、音乐等传给远在国外的朋友；可以去网上购物；可以到网上学校去获取你所想要学习的知识等等。

我来考考你

1. 你知道的移动通信的种类都有哪些？
2. 第一台电子计算机有多重？